CONSIDÉRATIONS

SUR LE

GOUVERNEMENT.

CONSIDÉRATIONS

SUR LE

GOUVERNEMENT

ANCIEN ET PRÉSENT

DE LA

FRANCE.

Par Mr. le Marquis d'Argenson.

A AMSTERDAM,

Chez MARC MICHEL REY.

MDCCLXIV.

AVIS DU LIBRAIRE.

Il y a déja plusieurs années qu'il s'est répandu des Copies manuscrites de cet Ouvrage, & il a mérité les éloges de tous ceux qui l'ont lu. Mr. Rousseau qui en parle dans diverses notes du Contract Social, paroît en faire beaucoup de cas. Le Libraire en cherchoit une copie, lorsque se trouvant à Genève en Juillet 1763, Mr. Gab. Cramer Libraire de cette ville, lui en montra une qu'on lui avoit envoyée pour l'imprimer. Mais des raisons particulieres l'en ayant empêché, il en fit présent à son confrere qui saisit l'occasion présente de faire connoître sa générosité, & de lui en témoigner publiquement sa reconnoissance.

On a donc cru faire plaisir au public en imprimant cet ouvrage & certainement il ne pouvoit paroitre dans des circonstances plus propres à en rendre la lecture intéressante. Malheureusement la Copie qu'on a entre les mains s'est trouvée pleine de fautes. Ce n'est qu'en revoyant les dernieres épreuves de la neuvieme & de la dixieme feuille qu'on s'en est apperçu. On a d'abord suspendu l'impression &

l'on n'a rien negligé pour fe procurer une copie plus correcte. Tous les foins qu'on s'eft donnés pour cela ayant été inutiles, on a été obligé de paffer outre; Mais on a revu avec la plus grande attention les dernieres feuilles, & à l'exception de deux ou trois endroits qu'on n'entendoit pas & auxquels l'on n'a pas ofé toucher, de peur de faire dire à l'Auteur ce qu'il n'avoit pas penfé, l'on fe flatte de n'y avoir laiffé aucune faute confidérable. On a fuppleé par un Errata à celles qui font reftées dans les huit premieres feuilles. Le Libraire qui n'a rien épargné jufqu'ici pour donner des éditions exactes, efpere que l'impoffibilité où il a été de faire mieux excufera les imperfections de celle-ci, & qu'elles ne nuiront point au fuccès d'un Ouvrage auffi eftimable.

TABLE

DES CHAPITRES

ET DES

ARTICLES.

* 4

C H A P I T R E IV.

Ancien Gouvernement Féodal de la France.   117

C H A P I T R E V.

Progrès de la Démocratie en France felon nôtre Hiftoire.

E R R A T A.

<table>
<tr><td>Page.</td><td>Ligne.</td><td></td><td></td></tr>
<tr><td>3</td><td>14</td><td>on le.</td><td>lifez on la.</td></tr>
<tr><td>4</td><td>1</td><td>s'arroge.</td><td>lifez s'arrogent.</td></tr>
<tr><td>4</td><td>11</td><td>cet Exumvirat.</td><td>lifez ce fexumvirat.</td></tr>
<tr><td>9</td><td>2</td><td>eu.</td><td>lifez au.</td></tr>
<tr><td>11</td><td>11</td><td>gouvernée.</td><td>lifez gouverné.</td></tr>
<tr><td>14</td><td>11</td><td>remue.</td><td>lifez remué.</td></tr>
<tr><td>17</td><td>14</td><td>un.</td><td>lifez une.</td></tr>
<tr><td>23</td><td>18</td><td>de celui.</td><td>ôtés le de.</td></tr>
<tr><td>46</td><td>7</td><td>d'Etat.</td><td>lifez d'Etats.</td></tr>
<tr><td>46</td><td>9</td><td>Politique.</td><td>lifez Police.</td></tr>
<tr><td>50</td><td>3</td><td>après le fecond de</td><td>lifez de la.</td></tr>
<tr><td>51</td><td>14</td><td>effets.</td><td>lifez efforts.</td></tr>
<tr><td>58</td><td>12</td><td>ait.</td><td>lifez a.</td></tr>
<tr><td>58</td><td>19</td><td>conduit.</td><td>lifez conduits.</td></tr>
<tr><td>61</td><td>15</td><td>comme.</td><td>lifez ou.</td></tr>
<tr><td>72</td><td>15</td><td>l'examine.</td><td>lifez s'examine.</td></tr>
<tr><td>90</td><td>1</td><td>, la.</td><td>lifez . La.</td></tr>
<tr><td>90</td><td>2</td><td>après d'Efpagne.</td><td>lifez eft.</td></tr>
<tr><td>90</td><td>5</td><td>d'Autriche.</td><td>lifez l'Autriche.</td></tr>
<tr><td>90</td><td>19</td><td>Janin.</td><td>lifez Jeannin.</td></tr>
<tr><td>91</td><td>18</td><td>eurs.</td><td>lifez leurs.</td></tr>
<tr><td>93</td><td>2</td><td>les.</td><td>lifez ces.</td></tr>
<tr><td>103</td><td>2</td><td>des.</td><td>lifez de.</td></tr>
<tr><td>103</td><td>7</td><td>après hors.</td><td>lifez de</td></tr>
<tr><td>105</td><td>11</td><td>on.</td><td>lifez ou.</td></tr>
<tr><td>106</td><td>3</td><td>la</td><td>lifez l'a.</td></tr>
<tr><td>106</td><td>4</td><td>la.</td><td>lifez l'a.</td></tr>
<tr><td>107</td><td>11</td><td>plainement.</td><td>lifez pleinement.</td></tr>
<tr><td>110</td><td>1</td><td>organne.</td><td>lifez organe.</td></tr>
<tr><td>114</td><td>4</td><td>tendis.</td><td>lifez tandis.</td></tr>
</table>

Page. Ligne.

Page	Ligne		
114	11	le nom.	*lifez* les noms.
119	8	gardat.	*lifez* garda.
121	7	enchéris.	*lifez* enchéri.
122	8	avoit.	*lifez* n'avoit.
122	11	avifé.	*lifez* avifés.
133	1	il refloit.	*lifez* ils refloient.
123	2	l'art,	*lifez* . C'eft.
123	7	fubis.	*lifez* fubi.
128	2	inventaires.	*lifez* inventeurs.

I N-

AVERTISSEMENT.

C'est une prévention presque générale en France depuis le Ministère du Cardinal de Richelieu, que la gloire & la force de l'autorité Royale résident dans la dépendance servile des Sujets : on se propose de prouver le contraire dans ce Traité, & d'établir quelles étoient les imperfections du Gouvernement Féodal ; on examinera à cet effet les différens Gouvernemens des souverainetés de l'Europe, & on montrera par cet examen que l'administration populaire sous l'autorité du Souverain, ne diminue point la puissance publique, qu'elle l'augmente même & qu'elle feroit la source du bonheur des Peuples.

Ces vérités exposées, on proposera quelques principes pour assurer le repos au dehors comme au dedans de l'Etat.

A

CHAPITRE I.

Définitions.

La Monarchie eſt le Gouvernement d'un Etat par un ſeul homme. La Monarchie proprement dite s'entend d'un Gouvernement où le Monarque rapporte tout à lui, ne conſidérant en cela que ſon droit de propriété ſur les Etats qu'il gouverne, & ne croyant pas devoir déférer aux Conſeils.

Bientôt un tel Gouvernement dégénère en Tirannie qui eſt l'abus de l'Etat Monarchique par une uſurpation ſuivie d'injuſtice & de violence.

La Royauté eſt le Gouvernement d'un Etat par un homme ſeul qui conſidère moins ſon droit de propriété, que le bien de l'Etat qu'il gouverne, & dont il ne ſe regarde que comme le premier Magiſtrat.

Licurgue fonda par fa Légiflation le Gouvernement de Lacédémone compofé de Royauté, d'Ariftocratie & de Démocratie.

Les Philofophes politiques ont donné ce
mélange comme le plus parfait de tous les
Gouvernemens.

Les Anglois fe vantent aujourd'hui de le
poffédér chez eux par le plus jufte affaifon-
nement des trois efpèces.

Mais il eft humainement impoffible d'empêcher que tôt ou tard l'un des trois Gouvernemens ne gagne fur les autres.

L'Ariftocratie eft le Gouvernement des
Nobles fur le refte de l'Etat; on le fubdivi-
fe en deux efpèces.

L'Ariftocratie légitime où les Gens diftingués par leur naiffance & leur prudence gouvernent abfolument pour le bien commun.

L'Oligarchie ou fauffe Ariftocratie; lors-

qu'un petit nombre de Citoyens s'arroge toute autorité par ufurpation & rapportent tout
à leurs intérêts, ou à leurs paffions.

Tels furent à Rome les Décemvirs peu à
près qu'ils eurent été inftitués, & les Trium-
virs pendant tout leur temps.

Il en feroit de même d'une Monarchie, où
le Souverain ne fe mêleroit de rien, & n'a-
yant point de premier Miniftre laifferoit gouverner cinq ou fix Miniftres qui agiroient
d'intelligence, cet Exumvirat feroit vicieux.

Le Gouvernement par tout le Corps des
Nobles fans diftinction, fans choix & fans
autre titre que celui de la naiffance eft encore une fauffe Ariftocratie, c'eft ce qu'on appelle le Gouvernement de multitude, le plus
vicieux de tous, puifqu'il dégénère en anarchie, c'eft-à-dire fans autorité & fans chef.

Le Gouvernement de Pologne feroit ainfi

une fauſſe Ariſtocratie & de multitude, ſi les Diètes n'écoutoient jamais la voix de leur Roi.

Notre ancien Gouvernement Féodal ayant ſubſiſté juſqu'à ce que nos Roi ayent eu des troupes réglées & ſoldées, étoit dans le même état que la Pologne. L'exemple du plus parfait Gouvernement Ariſtocratique qu'on ait encore connu, eſt la République de Veniſe; l'autorité déciſive & expéditive n'y eſt point confiée à la multitude, mais à un nombre d'élus parmi les Nobles comme les plus prudens & les plus diſcrets.

On préſumera toujours dans un Etat, que des Nobles d'extraction ſont nés avec des ſentimens diſtingués de courage & de vertu, que l'exemple de leurs ancêtres leur prêche continuellement la gloire de les imiter & l'horreur de dégénérer, & que l'éducation leur donne des lumières.

Voilà l'avantage du Gouvernement Ariftocratique; mais il a cet inconvénient, que
le corps de la Nobleffe étant féparé du refte
des Citoyens, il affecte de méprifer & d'accabler les roturiers qui font cependant les
plus nombreux , & les plus laborieux. Perfonne ne ftipule pour ceux-ci dans les délibérations générales , & chaque jour la Nobleffe augmente fes privilèges & confomme
la féparation d'avec le refte de l'Etat.

Nos Loix fe reffentent trop de la part
que la Nobleffe a eu dans l'ancien Gouvernement.

Un parfait Gouvernement eft celui où
toutes les parties font également protégées.

Le Defpotifme eft l'autorité trop abfolue
indépendante de toute Loi fondamentale,
ou particulière: elle dégénère fouvent en
Tirannie qui eft l'abus de fait du pouvoir

que le Defpotifme n'a que de droit & à fa volonté.

Le Gouvernement de multitude s'arroge le Defpotifme & la Tirannie plus ordinairement que la Monarchie qui fe doit à des égards perfonnels.

La Démocratie eft le Gouvernement populaire où tout le Peuple a part également fans diftinction de Nobles ni de Roturiers.

Il y a fauffe & légitime Démocratie.

La fauffe Démocratie tombe bientôt dans l'Anarchie, c'eft le Gouvernement de la multitude ; tel eft un Peuple révolté ; alors le Peuple infolent méprife les Loix & la raifon ; fon Defpotifme tyrannique fe remarque par la violence de fes mouvemens & par l'incertitude de fes délibérations.

Dans la véritable Démocratie on agit par Députés, & ces Députés font autorifés par

l'élection , la miffion des élus du Peuple &
l'autorité qui les appuye , conftitue la puiffance publique : leur devoir eft de ftipuler
pour l'intérêt du plus grand nombre des Citoyens pour leur éviter les plus grands maux
& leur procurer les p'us grands biens.

Tel eft, ou doit être le Gouvernement
des Pays - Bas.

Il y a donc trois fortes de Gouvernemens
fimples, le Monarchique, l'Ariftocratique, &
le Démocratique.

La Royauté monarchique eft entre tous
les Gouvernemens le plus eftimé par les Auteurs politiques.

L'expédition & la Juftice y opèrent de
grandes chofes en peu de tems , il lui arrive de dégénérer fouvent fous les hommes
pufillanimes; mais elle fe releve promptement
fous les grands Rois. Par fes qualités elle fe

tourne aifément en pure Monarchie. Les paffions humaines la conduifent en Defpotif-me & même à la Tirannie: l'ufurpation dé-truit le pouvoir légitime & fait taire l'ordre ancien des Loix conftitutives & fondamen-tales.

L'Anarchie dégénère en Oligarchie, ou fauffe Ariftocratie foit par un petit nombre de Tirans qui fe font élus d'eux-mêmes foit par la multitude des Nobles qui gouverne, comme feroit un Peuple révolté.

La Démocratie eft encore plus fujette à ce dernier vice, elle conduit à l'Anarchie & à la violence effrenée; dans la fituation la plus parfaite, elle eft toujours fujette à un grand défaut, qui eft la lenteur des délibérations; car les Députés craignent le défaveu; les in-térêts fubdivifés à l'infini & les fuffrages trop combatus les uns par les autres, tout cela rend un tel Gouvernement incapable de ces parties d'exécution brufque & de prévoyance qui fauvent un Etat du péril : d'ailleurs le fecret y eft mal gardé, les hommes de mérite y ont à craindre la baffe envie & l'ingratitude : les paffions n'y influent pas moins que dans les Cours ; ces paffions ont leurs influences fur les plus grandes opérations Politiques ; elles y font plus déraifonnables étant plus groffières.

Les Romains ont éprouvé chez eux toutes les efpèces de Gouvernemens que nous venons de définir.

Aujourd'hui en Europe prefque tous les Gouvernemens font mixtes ; c'eft-à-dire plus ou moins mélangés de Monarchie , d'Ariftocratie & de Démocratie.

La France a été de tout tems une Royauté Monarchique plus ou moins mêlée d'Ariftocratie felon les tems; jadis par un pouvoir foncier & inhérent au corps de la Noblesse, & depuis ce tems, plus précaire & feulement pour le Conseil.

Le corps Germanique est Monarchique Aristocratique; mais la dernière qualité l'emporte.

Dans les Etats particuliers d'Allemagne la Démocratie est jointe à la Monarchie fous un Souverain abfolu; l'intérieur du Pays est gouvernée par des Etats où le Peuple a un grand fuffrage.

La Suède est devenue République mixte, préfidée par un Roi qui est préfentement électif: le Corps même des Payfans ne laisse pas d'avoir de l'autorité dans les Etats du Royaume. J'ai déja parlé (& j'en traiterai encore plus amplement,) de l'Angleterre, de la Hollande, de Venife & de la Pologne.

L'Efpagne & le Portugal font des Monarchies Defpotiques femblables à la nôtre, où
l'Ariftocratie n'eft admife que par le Confeil.

Le Turc eft Monarque Tirannique, ce
qui emporte le Defpotique. Il en eft de même des Souverainetés barbares, Mahométa-
nes, ou Idolâtres hors de l'Europe: on trouve cependant à la Porte quelque trace d'A-
riftocratie dans l'autorité du Divan & des
grands Officiers de la Cour & de l'Armée;
mais leur extréme amobilité affoiblit ce pouvoir.

La Suiffe eft une pure Démocratie quoique la Nobleffe y ait quelque diftinction,
mais qui ne l'autorife pas dans le Gouvernement : en cette qualité les Baillifs & autres
élus du Peuple font à vie dans les principaux Emplois des Cantons.

CHAPITRE II.

Principes.

A QUOI sert une vaine spéculation Politique qui ne conduit point à perfectionner le Gouvernement, à rendre les hommes plus heureux & l'Etat plus fort ; mais sur-tout à faire la félicité du Peuple?

Les savantes recherches sur le Droit public ne sont souvent que l'Histoire des anciens abus, & on s'en entête mal-à-propos quand on s'est donné la peine de les étudier.

Quantité de Mémoires qu'on présente chaque jour pour proposer des établissemens, excellent ordinairement dans leurs premières parties, où on démontre les maux de l'Etat ; mais quant aux remèdes, les Auteurs retombent dans le puéril, ou dans l'extravagant.

On ne peut rémédier fubitement à d'anciens abus , il faut toujours plus de tems pour les diffiper qu'il ne s'en eft mis à les introduire; l'abfurde & l'impraticable de ces expédients ont donc jetté un grand ridicule fur tous les Novateurs politiques.

Cependant je demande qu'eft-ce que doit être le Miniftère d'un Etat bien gouverné? finon une innovation perpétuelle ? autrement il ne faudroit que des automates : un reffort pour ainfi dire , qui remue fans intelligence par une force naturelle , continueroit l'Etat des chofes.

Mais le changement dans les mœurs , les paffions des jufticiables & la négligence des jufticiers , demandent une critiqne continuelle & une révifion affidue des Loix , afin de les étendre , ou de les reftraindre felon les befoins des hommes.

Tout eſt révolution dans ce monde : les Etats ont leur tems de progrès & de décadence : le courage des hommes a les ſiens. Qui auroit dit autrefois que les Romains deviendroient ce que ſont les Italiens? qui peut prédire où vont les Moſcovites? dans un ſiécle il faut réprimer la fureur des combats, dans un autre il faut réveiller l'honneur qui s'endort au ſein de la moleſſe.

Pour une Nation, qui pour ainſi dire défriche, tels que ſont les Ruſſiens, il faut des Loix qui excitent aux Arts. Pour un Peuple auſſi policé que les François, il faudroit ramener à l'agriculture qu'on abandonne : le ſavoir même a ſes bornes pour le bien d'une Nation.

Rome ignorante eſt devenue la Capitale de l'Univers, elle a donné des exemples héroïques de vertu.

Rome favante a été la proye des Barba-res, & l'affemblage de tous les vices.

Depuis que les Francs ont paffé le Rhin pour s'établir dans les Gaules, ils n'ont jamais manqué de Légiflateurs ; le Droit Romain étoit un magazin abondant de Loix pour la Société ; mais il a toujours manqué aux François ce qu'on appelle efprit - ferme & conftant & ce n'eft point par défaut de génie ; mais faute de conftance qu'ils n'ont jamais travaillé qu'en petit dans les Loix qui leur font particulières.

De plus le Clergé s'eft emparé de la plus-part des charges de Magiftrature. La Lé-giflation & la manutention de l'ordre étant paffées entièrement aux gens de Robe, tout eft devenu forme en ce Royaume ; & autant de nouvelles Loix contre l'abus, autant de fources fécondes de fubtilités nouvelles & abufives.   Les

Les dernières ordonnances, par exemple, données par le feu Roi, pour l'abréviation des procédures, les ont multipliées réellement : elles ont occasionné de nouveaux fraix aux plaideurs, & les délais pour juger la forme, font un préalable qui retarde plus que jamais les jugemens définitifs des Procès au fonds. Toutes les autres parties du Gouvernement ne font pareillement qu'un cahos de règles, de gênes & de contradictions. La finance, le commerce, & même le militaire font envelopés dans ce dédale d'étude & de pratique.

Voilà un hydre dans notre Gouvernement, & s'il est vrai qu'il y ait des abus, fi quelqu'un s'en plaint, fi quelque chofe est repréhenfible, qu'on fe perfuade que tout Gouvernement est beaucoup plus difficile à réformer qu'à former : car il faut aller aux fources & aux principes de la compofition, il faut connoître le Droit de convenance, qui eft la voix de la raifon, & la fource du bonheur public : il faut favoir le préférer aux Droits des tîtres, & même à celui de la poffeffion, & dans un fi grand édifice perfonne n'ofe pofer la première pierre.

Il a été facile à tant de petits efprits qui ont mis la main à notre Gouvernement, d'introduire des règles compliquées; mais où eft le génie qui ramenera les chofes du compofé au fimple.

Tel eft cependant le véritable objet de la fcience qu'on appelle Politique, perfectionner le dedans d'un Etat de tous les degrés de perfection dont il eft fufceptible.

Les flateurs perfuadent aux Princes que le dedans ne doit fervir qu'aux affaires du dehors ; le devoir leur dit le contraire ; & la

gloire dont il eſt tant queſtion pour immor-
taliſer les Regnes, que conſeillera-t elle, même aux Princes conquérans & ambitieux,
quand leurs intérêts feront bien entendus, ſinon que les forces d'un Etat tombent par
négligence, & s'augmentent par la bonne
adminiſtration du dedans?

Lieux communs, ſi l'on veut, que la re-
dite de ces maximes; mais elles ont été ſi
peu appliquées juſques ici qu'elles ont plus
que jamais le droit d'être méditées.

S'eſt-on encore laſſé dans le monde d'eſ-
timer comme les plus grandes Epoques d'un
Regne, l'acquiſition ou la conquête d'une
Province? & a-t-on toujours exactement cal-
culé, combien il en coûtoit à l'abondance
des anciennes Provinces pour en acquérir
une nouvelle.

Un nouveau Trône mis dans une maiſon

Royale a coûté à la France la moitié de ſes forces intérieures.

Des bâtimens immenſes chargent l'Etat de dettes, une branche de commerce acqui-ſe à prix d'argent ne répand qu'une fauſſe utilité pour un Royaume en général & enri-chit encore quelques villes, ou les particu-liers qui ſont déjà dans l'abondance.

Voilà pourtant les grands objets qu'on at-tribue ordinairement à la Politique ; voilà l'éclat des Regnes & le ſujet des monuments Hiſtoriques ; fâcheux préjugés ! reſte de Bar-barie ! veſtiges de l'ancien cahos !

Les autres ſciences ſont approfondies ; la Politique eſt dans ſon enfance, on ne veut ni réfléchir, ni calculer ; & ſi on raiſonne avec liberté, on trouvera qu'en tout cela nous reſſemblons à ce cerf de la Fable qui ſe glorifioit de ſon bois embarraſſant & qui méprifoit fes jambes agiles.

Nous avons des mines abondantes dans l'agriculture, une induftrie, une fituation & des forces fuffifantes que nous négligeons, nous nous livrons à une fauffe idée de grandeur & d'acquifition qui nous affoiblit.

Au-lieu de cette diffipation extérieure, nous augmenterions nos forces en les concentrant davantage, quelques attentions fur les affaires de la campagne, fur le Commerce intérieur, préférable infiniment à celui du dehors, fur la mefure de liberté & de gêne qu'il faut laiffer aux travaux des Citoyens, fur l'égalité des biens, fur les habitations & la peuplade; fur les refforts de l'intérêt qui fait agir, ou qui fait négliger; voilà des objets pour le Gouvernement Politique qui produiroient la véritable gloire, même au dehors, & non une gloire vaine

& ſtérile qu'on a coutume de rechercher.

On n'a peut-être jamais penſé à cette meſure de liberté dont je viens de parler; c'eſt celle que les Loix doivent laiſſer à ceux qui leur ſont ſoumis, pour qu'ils conſervent tout l'effort naturel qui conduit aux grandes choſes, mais qui réprime là où il faut, la licence qui trouble l'ordre général: ſouvent tout eſt gêne ou tout eſt déſordre.

Cette obſervation ne tombe pas ſeulement ſur le ſimple particulier ſujet à la Loi; elle s'applique encore davantage à ceux qui la font obſerver, & à la Loi même.

Les Souverains doivent ſur cela tirer leur première règle de Dieu même qu'ils doivent imiter en gouvernant.

Dieu gouverne, Dieu concourt; mais il laiſſe agir librement les cauſes ſecondes: un Roi doit régler par lui-même les principales

affaires de fon Etat & le refte par fes Officiers, les premières par une action immédia-
te, les fecondes par un pouvoir émané &
délégué.

En plufieurs chofes il foutient, il protè-
ge, en d'autres il encourage par divers
moyens, fouvent il ne fe réferve qu'une fecrette infpection & voit opérer plutôt qu'il
n'opère.

Tout l'art du Gouvernement ne confifta
jamais qu'en cette parfaite imitation de Dieu.
Les Politiques ont épuifé leurs réflexions à
donner, ou à retrancher du pouvoir de celui qui gouverne en faveur de ceux qui font
gouvernés.

La puiffance tribunitienne chez les Romains, le Droit des Communes & des Parlemens chez les Anglois, de celui des Etats
nationaux, Provinciaux, ou de remontrances

chez nous, tous ces remèdes ne font que des maux ; ils partagent la puiffance Publique, tandis qu'elle doit être une & décidée. Celle de Dieu eft la plus Souveraine qu'on puiffe imaginer, elle eft infinie, mais elle nous laiffe notre pleine liberté pour les chofes qui nous regardent, même en ce qui peut nous manquer nous croyons l'avoir ; parlà l'efclave fe croit maître & agit comme tel ; nos actions & nos mérites font à nous.

Dieu arrête l'ufage de notre liberté quand nous en méfufons, fur-tout à l'égard des autres, & il nous examine avec une juftice infatigable.

Voilà l'exemple tracé pour la conduite des Souverains & de cette puiffance publique en ce monde : je ne ferai que répéter le portrait d'un modèle infini en l'appliquant à fon parallele mortel & fini.

Les Officiers Royaux font ceux qui n'agiffent dans leurs fonctions qu'au nom du
Roi & qui le répréfentent en cela.

Toute adminiftration dans le détail du
Gouvernement pour avoir le meilleur fuccès,
doit être conduite par le Roi, ou au nom
du Roi par les Officiers qui le répréfentent.
C'eft un des principaux objets de cette Differtation.

Eft-il poffible que l'infpection Royale nuife quelquefois; l'action du fujet étant plus
libre, n'en feroit-elle pas meilleure?

On doit admettre que cette infpection eft
nuifible quand elle eft pouffée jufqu'à une
certaine gêne fuperflue. Tout doit avoir fon
ordre & fes Loix, tout doit avoir l'action
& le reffort qui lui rendent ces règles falutaires: ce n'eft pas inutilement que le Légiflateur Souverain nous a voulu laiffer l'u

fage de notre liberté comme une effence de
notre être. Et c'eft peut-être en l'effence,
ou l'étude de ce jufte mélange d'attention
& d'abandon que confifte tout l'art du Gouvernement ; il en eft de même que de l'é-
ducation des enfans : fi vous pouffez trop
loin l'attention du détail , bientôt l'art étouffe
la nature, celle-ci ne fe connoît pas elle-même & ne fait rien produire ; au contraire fi
vous négligez trop un éleve , les vices de
l'humanité prennent le deffus.

Cet art fi difficile compofé de modération
& de févérité ne regarde pas feulement la
conduite de chaque particulier ; il a pour
objet le corps des Citoyens, les villes &
les Provinces entières.

Chaque intérêt a des principes différens ;
l'accord de deux intérêts particuliers fe forme par une raifon oppofée à celui d'un

tiers. C'eſt ce qui rend les Loix générales
ſi difficiles à bien compoſer.

Et pour éviter qu'elles ne ſoient nuiſibles,
elles ne peuvent être trop ſimples. Au défaut des Loix générales, l'arbitrage du Juge
fait la Loi, il faut donc admettre un détail
infini & néceſſaire à tout Légiſlateur & à
tout Juge, ſi vous ne voulez pas qu'ils ſoient
vicieux ou Tirans par ignorance, ou par
partialité.

Il y a des intérêts de Communauté à
Communauté comme d'homme à homme: il
y en a entre les Provinces & les villes, ainſi
qu'entre les Nations; le même Principe s'applique à ces diverſités. Le Souverain doit
connoître là où il faut gêner ſes intérêts
pour les empêcher de ſe choquer, & là où
il faut les laiſſer agir avec tout l'effort &
toute liberté pour le bien des intérêts généraux.

Et pour lui permettre cet effort néceffaire, il faut que ces corps de Citoyens puiffent s'affembler, fe concilier & agir, avec une certaine indépendance. Voilà ce qui a produit originairement dans les Etats ce qu'on appelle le Droit de Commune, les Officiers municipaux, ou populaires, véritable Démocratie qui réfide au milieu de la Monarchie.

Le Peuple eft naturellement porté à la licence, & en cela il eft ennemi des Rois; cependant a-t-il détruit ou affoibli la Monarchie, depuis qu'on lui a permis d'avoir fes Officiers, comme le Prince a les fiens?

Voici le plus grand défaut du Gouvernement Monarchique & abfolu; il veut fe mêler de tout, il veut tout gouverner par fes Agents directs & Royaux; dans le Prince & dans fon Confeil, c'eft bonne intention, c'eft pour tout régler au mieux, pour rémé-

dier à quelques abus; mais dans un Confeil-
ler particulier, c'eft mauvaife intention, ou
fi elle a été moins mauvaife d'abord, elle fe
corrompt bientôt; c'eft pour s'arroger plus
de pouvoir & de profit, & bientôt il arrive
que les abus augmentent au-lieu de diminuer,
& qu'ils font d'une efpèce bien plus perni-
cieufe que ceux où peut tomber la multitude, & le travail de gens refpectivement intéreffés à la chofe, comme à une branche
du Commerce, ou à un point de Police, cet
objet perd fon activité, on néglige, on abu-
fe, l'intérêt particulier feconde tout, il é-
touffe toute idée du bien Public & tout dé-
périt par-là; tel fera le fujet de ce Traité.

Avec quel tempérament, avec quel art
pourroit-on permettre une efpèce d'indépendance, au milieu de la dépendance? jufqu'où
l'une & l'autre peuvent-elles être pouffées

ſans ſe nuire eſſentiellement?

Il faut d'abord conſidérer ce grand princi-pe, c'eſt dans l'union des parties que conſiſ-te la force d'un tout, en conſéquence de cela, lorſqu'on craint la ſédition dans une ville, on empêche les Citoyens de s'aſſem-bler plus de trois ou quatre dans les places publiques.

Il s'enſuit du même principe que l'aſſem-blée des Etats généraux eſt dangereuſe à la Monarchie, (quoiqu'en diſe Mr. De Boulain-viliers à l'honneur de Charlemagne & de notre Nation). Les Etats d'une grande Pro-vince ſont moins dangereux ; mais ils le ſont. L'aſſemblée du corps de ville le plus conſidérable & le plus indépendant ne de-viendra jamais capable de rien entreprendre contre le Souverain d'un Etat.

Si l'union fait la force, la déſunion fait

la foibleſſe; ainſi on peut diviſer les parties d'un Etat & ſubdiviſer les ſphères d'autorité juſqu'au point où elles ſe ſuffiſent à elles-mêmes pour ſe bien gouverner; mais où elles ne puiſſent ombrager en rien l'autorité générale d'où elles relèvent.

Ce feroit donc un bon plan de Gouvernement que celui où l'on morcelleroit plus ou moins les corps nationaux & municipaux, trouvant l'art d'en écarter le danger & de leur imprimer une indépendance qui fît leur force.

L'indépendance apparente du moins agit avec liberté & avec cet eſprit de maître qui s'applique tous les travaux & ſes profits ſans détour & ſans trouble; tandis que la ſervitude n'acquérant que pour autrui, n'eſt bientôt plus que pareſſe, ſtupidité & miſère.

Plus le Peuple ſent dans les réglements un

intérêt direct & prochain, moins il s'en é-
carte & plus il devient lui-même le follici-
teur de la Loi ; & peut-il y avoir d'autres
Loix fur les hommes que celles qui fe main-
tiennent par l'agrément & l'utilité du plus
grand nombre.

L'autorité Royale juge du befoin de la
Loi & la maintient, l'intérêt du public y
veille & l'éxécute avec intelligence.

Delà deux pouvoirs fubordonnés & néceffaires à foutenir dans leurs rolles différens :
l'un par les Officiers Royaux, l'autre par les
Officiers du Peuple.

A-t-on eu jufques ici des idées bien net-
tes dans notre Gouvernement de ces deux
fonctions ? les Officiers Royaux ne fe trou-
vent-ils pas aujourd'hui chargés feuls de la
Police générale & particulière, de l'entretien
de tous les ouvrages Publics, de l'éxécution

des

des Loix, de ſtipuler eux ſeuls les intérêts du Public, qu'ils ne peuvent, ni ne veulent connoître & de pourvoir à toutes les choſes, où les répréſentans du Peuple & les plus ſimples particuliers euſſent bien mieux travaillé pour le commun que tous ces Agents Royaux qui ne participent à la Royauté que par ſes défauts.

Un grand bâtiment ſe conduit par un Architecte & quelques Piqueurs ſous lui; mais tout n'y eſt pas en ordonnateurs, il y faut des bras, & ces bras ſont les ouvriers qui travaillent pour leur compte & à leur tâche: à toute œuvre compliquée, il y faut la tête pour conduire & les bras pour exécuter. L'exécution doit jouïr d'une certaine liberté qui lui laiſſe l'intelligence, & un intérêt d'honneur & de profit qui lui donne l'émulation: dans cette comparaiſon, nous trouverons l'image des pouvoirs ſubordonnés dont je traite, comme les Romains la trouvèrent dans la Fable des membres & de l'eſtomac.

Nous voyons encore que la nature ſe répare d'elle-même en tout individu : un Médecin entreprend-il lui-même d'opérer chaque fonction de ſon malade, le plus habile laiſſe beaucoup à la nature.

Si l'intérêt du Public eſt écouté, ſi on le laiſſe agir ſans confuſion, il produit un mouvement de continuité & de renouvellement qui va en l'augmentant & qui ſe perfectionne au-lieu de ſe relâcher, ni de ceſſer : c'eſt-là préciſément ce qui fait fleurir l'intérieur des Républiques : voilà la ſource des Loix efficaces, & l'excluſion des fauſſes ſubtilités de leur exécution.

Au contraire dans un Etat qui n'eſt occupé- que des intérêts du Defpotifme, tout eft violence, ou négligence: les refforts ne marchent que par fecouffe, les impulfions au bien ne font que momentanées ; quelque éclat au dehors, tout eft langueur au dedans.

Les Loix conftitutives de l'Etat, les mouvements du corps de la Nation, la décifion fur les principales difficultés refpectives, font le partage des Officiers Royaux.

Mais à l'égard des réglemens qui concernent le bas Peuple, les intérêts non opofés entre eux, tous les foins qui ne peuvent fe réduire à des principes généraux, ou à une exécution uniforme, qui peut mieux s'en acquitter que des Officiers populaires?

J'avois à établir ces principes préliminaires avant que d'en expofer l'application par des exemples & de propofer des confeils.

CHAPITRE III.

Des effets de l'Aristocratie & de la Démocratie chez les Nations étrangères.

ARTICLE I.

Division.

ON ne parlera point ici des François dont il sera assez parlé dans la suite de cet Ouvrage ; dans ce qui précède il a déja été parlé de quelques Gouvernemens étrangers.

Il y a en Europe deux Nations dont le Gouvernement est mêlé de Monarchie, d'Aristocratie, & de Démocratie, l'Angleterre & la Suéde.

Quatre Aristocratiques, Venise, Gênes, Pologne & le corps Germanique. Deux Démocratiques, Hollande & Suisse : le reste est

Monarchique, France, Dannemarck, Espagne, Portugal, Sardaigne, le Pape, Naples & Sicile, Modene, les Souverainetés particulières de l'Allemagne, les Pays héréditaires de la maison d'Autriche.

ARTICLE II.

De l'Angleterre.

L'ANGLETERRE est le plus singulier Gouvernement qu'il y ait en Europe, il se persuade sans doute être autre chose qu'il n'est en effet : il a été Despotique comme l'ont été les Monarchies au sortir de leur Barbarie, puisque les Seigneurs, ou Barons se sont élevés à côté de la Monarchie, & enfin depuis peu de tems le Peuple a gagné sur le Monarque & sur les Seigneurs ; de ces trois pouvoirs qui subsistent ensemble, chacun vante ses Droits ; mais les mesure mal : ils dépendent du tems, des affaires & des Rois qui gouvernent.

Les Anglois penfent avoir pris dans le Gouvernement des Romains tout ce qu'il y avoit de meilleur & s'être corrigé de fes défauts ; mais ils n'ont que la richeffe de Cartage; fes richeffes font déja l'envie des Nations.

Un Peuple de marchands ne s'adonna jamais à la Guerre ; les Troupes mercénaires & étrangères fervent mal les deffeins de l'Etat, elles ne tiennent pas contre celles qui font la Guerre pour le compte de leur propre Nation.

On ignoroit chez les Anciens le fléau qui accable aujourd'hui les grands Etats, appellé Dettes Nationales ; la Guerre fe faifoit alors en nature ; pour ainfi dire, tout fe fait aujourd'hui en argent. C'eft une commodité qui engage bientôt à excéder fes forces : le tems préfent prend fur l'avenir , la crainte de perdre tout crédit contumace les Souverains comme les fentences contraignent les particuliers à garder leurs engagemens : ces dettes publiques étant une fois accumulées, elles deviennent un obftacle à toutes grandes entreprifes Politiques. Si l'Etat eft pauvre & les particuliers riches , ceux-ci fe détachent encore davantage de l'intérêt commun, & il eft plus difficile d'en tirer des fecours qui ne s'accordent que par zèle ou par foumiffion.

Ce zèle qui réveilleroit les Citoyens en Angleterre ne peut rouler que fur deux chofes, ou fur la Religion dont ils font fous fans en avoir, ou fur les intérêts du commerce ; tout s'occupe de l'argent, tout va à l'argent chez eux, & tout cela reffemble mal aux Romains.   C 4

La plupart des Monarchies d'Europe font aujourd'hui gouvernées Defpotiquement, par ce qu'on appelle le Miniftère, invention qui étoit encore inconnue aux Anciens, & qui change encore fort les chofes en confidération de matière Politique. On connoiffoit bien autrefois la Tirannie d'un Empereur, l'autorité du Sénat, le pouvoir d'un Général victorieux, le Regne paffager, toujours funefte d'un favori; mais nos Miniftères modernes ne font point cela, ils tiennent à la Monarchie qu'ils fervent & à l'Ariftocratie dont ils font.

Un Miniftre ftipule pour le Roi, mais il travaille & craint pour lui-même; tout ce qu'il peut faire pour lui eft au fond de peu de conféquence par rapport à l'Etat; mais les craintes qu'il a pour lui portent une grande différence entre les confeils qu'il donne &

les partis que prendroit un Roi par lui-même ; il faudroit des fautes & des accidens extrémes pour détrôner un Roi, il ne faut qu'une tracafferie pour dépofer un Miniftre.

Il évite donc prudemment les entreprifes qui menent trop loin, il ménage les Puiffances qui pourroient lui nuire, & il ne trouve de retour pour lui dans les bienfaits en faveur du Peuple, qu'une fumée qui s'évapore; mais pour fa févérité contre les Grands, il voit s'élever des orages qui retomberoient tôt ou tard fur lui ou fur les fiens, & il fe joint encore à ces motifs l'intérêt de corps; car un Miniftre eft ou croit être d'abord du corps des Grands de la Nation.

En Angleterre les Dettes Nationales effrayent juftement le Miniftère & le détournent de toute Guerre ; à l'inftant qu'elle feroit déclarée, le Commerce fouffriroit, chaque

particulier lézé fe fouleveroit contre le Miniftre , & l'événement ne pourroit que lui
être fatal.

L'habitude d'aimer l'argent corrompt également les mœurs & la Politique d'Angleterre ; la corruption des fuffrages dans le
Parlement y eft devenu un moyen aifé d'introduire le Defpotifme: depuis qu'on a joint
la prudence à l'avidité, ce n'eft qu'un champ
où l'on feme pour receuillir; des dons de la
Nation le Roi d'Angleterre fe fait des moyens pour s'en procurer encore davantage,
& la poffeffion du Pouvoir arbitraire acquife
par adreffe, accoutumera enfin à lui déférer
par droit.

Voilà pourtant quel eft le Chef-d'œuvre
de l'efprit humain dans le jufte mêlange de
trois efpèces de Gouvernemens: ces trois ri-
vales ne ceffent jamais de fe combatre juf-

qu'à l'entier anéantiſſement de deux; elles peuvent bien être admiſes pour être conſul-tées, ou pour reſter en ſubordination l'une de l'autre, mais tant qu'elles ſe trouveront en concurrence de droit & de force, elles ſe choquent & ſe détruiſent à la fin.

ARTICLE III.

La Suéde.

La Suéde a éprouvé toutes ſortes de révo-lutions dans ſon Gouvernement. A peine leurs Rois venoient-ils d'obtenir le Pouvoir arbitraire, que Charles XII. en a dégoûté les Peuples, & ſi-tôt après ſa mort, on a puni les Miniſtres de ſon pouvoir; on a rendu la Couronne élective, & on a ſoumis l'autorité Royale à celui des Etats généraux du Ro-yaume.

Les circonſtances préſentes, une nouvelle

maiſon établie ſur le Trône , tout concourt à déférer ſans trouble aux volontés du Peuple aſſemblé par Députés ; mais qu'on ne s'attende pas que cela doive durer toujours : je viens d'en établir les Principes en ſuivant l'Article de l'Angleterre.

L'avarice n'eſt point le défaut des Suédois comme des Anglois : la ſoif de l'or eſt comparée à celle qu'ont les hydropiques, plus on a, plus on ſouhaitte, par la raiſon des contraires, moins on a, moins on deſire. L'or manque en Suéde, les particuliers le recherchent peu ; mais on y reçoit volontiers nos ſubſides, qui donnent de grandes forces à l'Etat en général. On y veut du travail, de la gloire & quelques aiſances, la nature y fournit à peine le néceſſaire.

La nature marâtre en ces affreux climats
Ne produit au-lieu d'or, que du fer, des ſoldats ;

Tout fon front hériffé, n'offre au defir de l'homme
Rien qui puiffe tenter l'avarice de Rome.

Voilà cependant quels ont toujours été ces
Pays du Nord qui ont autrefois inondé le
monde de leurs habitans. Alors la nature
fuffifoit à l'homme, la Religion n'avoit pas
encore mis en règle le mariage ; les accou-
plemens indifférens y donnoient plus d'habitans que la terre n'en pouvoit porter ; tout
eft bien changé certainement ; mais il refte
toujours cette qualité au Pays, qu'à chofes
égales, il fe peuple plutôt que les autres
quand la Guerre a ceffé de le dépeupler.

Ainfi la Suéde s'eft raccommodée fenfiblement depuis qu'elle jouït de la paix, c'eft-à-
dire depuis la mort de Charles XII. un des
plus grands avantages dont le Ciel puiffe
douer une Nation, eft que le repos y réta-
bliffe des forces, fans y énerver le courage.

En Suéde l'efprit National eft l'honneur ; le luxe ni la douceur de l'air n'y peuvent amolir les habitans.

Nous remarquons en général que toutes ces Souverainetés du Nord & celles d'Allemagne fe gouvernent entièrement par des affemblées d'Etat : ainfi les affaires du Public y admettent moins d'Officiers Royaux qu'en France & en Efpagne : auffi la Politique générale & particulière y eft-elle tout autrement exercée , les intérêts publics mieux connus & moins négligés, la campagne & les petites villes plus habitées & plus floriffantes.

La vénalité des offices n'y a pas été introduite, ici elle a tout inondé d'offices Bursaux qui ont ôté toute fonction au véritable protecteur de l'intérêt public , elle eft même devenue un moyen ordinaire de lever de l'argent & rien n'a échappé à cette vûe.

La Suéde se tourne de plus en plus en République sous le présent Regne par la fréquence & l'autorité de l'assemblée des Etats généraux. La Royauté par-là se réduit à une simple présidence , comme sont les Doges de Venise & de Gênes & comme seroit le Roi de Pologne, s'il n'avoit pas aujourd'hui des Etats héréditaires hors du Royaume.

Quand de pareilles Républiques voudront conserver leurs Prérogatives , qu'elles ne se préservent que d'une seule chose , qui est d'élire des Chefs, ayant pour eux des apuis étrangers, comme font les Princes des grandes Nations de l'Europe & sur-tout qui possédent ailleurs des Souverainetés confidérables. Plus ces apuis seront importans, plus le droit d'élection sera en danger & la liberté de leurs Peuples sera près de sa fin.

Un Roi de Pologne Electeur de Saxe, un Roi d'Angleterre riche & puiffant en Allemagne, & même un Prince d'Orange trop grand Seigneur dans les Provinces-Unies & trop bien allié, tout cela menace bientôt l'équilibre des fuffrages & la liberté Républicaine qui ne les a élevés qu'à fa propre deftruction.

Quand les Etats généraux d'une Nation font compofés de trois ordres, Clergé, Nobleffe & tiers Etat, ou Payfans, comme en Suéde, leurs délibérations concourrent également aux décifions, cela peut s'appeller un Etat Démocratique, car l'Ariftocratique confifte dans le privilège exclufif attribué à la Nobleffe de gouverner les roturiers, autrement la Nobleffe n'y fait que partie du Peuple & ce Gouvernement s'appelle mixte.

ARTI-

ARTICLE IV.

Venife.

Par la précédente règle, Venife eft purement Ariftocratique, les Nobles y regnent,
mais non avec confufion, au contraire avec
un ordre & des règles durab'es, qui ont fait
l'admiration des Politiques.

Cet ordre Ariftocratique n'accorde pas
feulement les Nobles entre eux ; il garantit
encore les roturiers des véxations de la Nobleffe : en Pologne le Payfan n'eft garanti
que par le ménagement que chacun a pour
fon bien, l'habitant y eft ferf ; ou efclave.
La jaloufie des Nobles moins riches contre
les plus riches y produit tout l'ordre, les
Loix & la morale y préfervent de la véxa-
tion.

A Venife l'habitant y eft. confidéré comme appartenant à la République & non à la Nobleſſe & y eſt ménagé en cette qualité.

Il n'y réſulte donc de cette ſupériorité de Nobleſſe ſur les autres Citoyens aucun appauvriſſement dans le plat Pays ; au - contraire les Peuples ſont fort ménagés en terre-ferme par prudence, on eſt doux faute de Citadelles & d'Armée. La République cherche à retenir les Peuples par amour, & elle ne ſe ſouvient que ſes Provinces ſont Pays de conquête, que pour les ménager davantage. Quand on la dépouilla ſi rapidement par la Guerre de Cambrai, les Provinces qui lui étoient enlevées regretoient bientôt le joug de St. Marc & y rentroient avec joye.

De cette obſervation il réſulte une choſe remarquable pour la matière que nous traitons, c'eſt que le Gouvernement eſt tout-à-fait Ariſtocratique à Veniſe, mais Démocratique en terre-ferme : les Nobles de terre-ferme font humiliés & mécontens, mais le Peuple y eſt tranquille & heureux, exemple à citer devant une Monarchie qui peut bien plus aiſément l'adopter que l'Ariſtocratie n'a pû la produire.

Les Républiques font deſtinées à concentrer leurs forces & à demeurer contentes de ce qu'elles ont : malheur à elles quand elles veulent trancher de la Royauté ; ou il leur arrive alors de tomber fous les Tirans, comme à la République Romaine, ou de fe ruïner par des Guerres d'humeur & par des effets malheureux, comme Carthage & fucceſſivement Athênes, Sparte & Thebes, lorſque ces illuſtres Républiques prétendoient dominer fur le reſte de la Grèce & s'étendre en Italie & en Sicile.

Venife a éprouvé les abus d'une Politique

trop rafinée & trop ambitieufe ; elle eft livrée à des reffentimens & à des haines, ne
prétendant qu'éloigner les offenfes & fe faire refpecter ; elle avoit trop étendu fes conquétes, fous prétexte d'étendre fon Commerce
& celui de fes Citoyens, elle avoit infpiré
une envie univerfelle par un Commerce forcé, enfin elle mortifioit fes voifins par fes
vûes inquietes pour l'équilibre univerfel. Une
fage République n'appuiye que de loin les affaires générales de l'Europe.

ARTICLE V.

Génes.

GENES copie Venife, comme nous venons
de dire que Venife avoit contrefait les
Rois : mais il s'en faut bien que les principes en foient auffi bons. La preuve en eft
dans toutes les révolutions que nous expofe

ſon Hiſtoire; révolutions venues des défauts internes, de l'envie des Citoyens, des Tirannies arrivées par intrigues, des partis acharnés à ſe perdre, comme ceux des Adornes & des Frégoſes, appellant alternativement les grandes puiſſances du dehors pour ſubjuguer la République, & enfin la concurrence de deux ordres dans la Nobleſſe, qui jettent les délibérations dans .'inaction & l'Etat dans le découragement.

Le Commerce Génois ſent trop la Juiverie, leurs richeſſes ſont odieuſes, & de tout tems la réputation des Génois a été leur plus cruelle ennemie.

Toutes ces petites Républiques n'ont ordinairement qu'un moment de chaleur pour le bien commun; c'eſt dans les premiers momens d'une liberté recouvrée, ou lorſqu'on ſe croit en danger de la perdre entièrement, alors tout eſt héroïſme & merveille ; mais bientôt dans le calme tout devient indolence, l'intérêt particulier occupant ſeul, attaque le général. L'inégalité des fortunes trouble l'ordre ; les places & les honneurs ne ſervent plus qu'à nourrir l'ambition des particuliers.

ARTICLE VI.

La Pologne.

La Pologne que j'ai déja citée, préſente à la fois tous les inconvéniens de l'Ariſtocratie & de la multitude, quoique le Gouvernement ait ſes règles bonnes en apparence, & que la Nobleſſe s'eſt dictée elle même.

La folie de chaque Nation eſt de vanter ſes propres Loix & la ſottiſe des étrangers de les admirer ; quand ils ont bien pris la peine de les étudier, il faut bien ſe récompenſer par quelque choſe d'une peine inutile : on en fait accroire aux autres & on s'entête ſoi-même de ce qu'on ſait & que le reſte ignore.

Le Gouvernement de la Pologne ſe glorifie d'avoir établi la Royauté dans le plus juſte degré où elle doive être, ne pouvant du tout faire que des graces & jamais de mal, les Rois y donnent des charges qu'ils ne peuvent ôter : ils accordent rémiſſion des peines, & n'ont pas ce qu'on appelle droit de vie & de mort. Il faut donc ſavoir ſi on peut conduire les hommes par les ſeules récompenſes & ſans la crainte des peines : on eſt flatté par l'eſpérance & on manque faute de crainte. Le Roi de Pologne homologue les délibérations de la République, & ne peut les exciter ni les finir.

Nulle liaiſon entre les différens partis de

l'Etat, nulle difcipline, & impoffibilité de l'introduire au milieu des voifins barbares.

La valeur des Polonois a pû figurer il y a cent ans, mais depuis que les autres Nations ont appris tous les nouveaux arts qui rectifient leur Gouvernement & tant de découvertes modernes dans le métier de la Guerre, la valeur devient inutile faute de nerf & de conduite. Nulle voix n'eft écoutée dans les Diètes dès que les Privilèges font oppofés, le Pays eft pauvre en argent, chaque Noble a droit de préférer fon œconomie particulière à celle du bien général qu'il ne confidère que de fort loin. L'unanimité dans les fuffrages eft à la vérité d'une grande fûreté pour conferver leur précieufe liberté & pour faire garder les *Pacta Conventa*; mais c'eft auffi un grand obftacle à tout bien, car il arrive fouvent qu'un fou qui protefte l'emporte fur 40. mille fages.

De-là nulle défenfe ni fûreté pour l'Etat. La Pologne refte ouverte de tous côtés & n'eft plus qu'au premier occupant, elle n'aura bientôt plus de force que dans fa foibleffe; on envie peu une telle conquête, on la rend auffi facilement qu'on s'en eft emparé, & les Souverains voifins qui fe la difputeroient, favent qu'aucun d'eux ne fe l'anéxera à demeure.

En France nous allions vraifemblement à cette Anarchie fous notre ancien Gouvernement Féodal, lorfque peu-à-peu nos Rois de la troifième race ont détruit l'Ariftocratie pied à pied. On ne peut pas dire abfolument que des principes bien médités ayent confommé cet ouvrage; un objet continuel d'inquiétude & d'heureux hazards l'ont conduit. Le pouvoir choquant de nos Ducs &

Comtes Souverains les ont d'abord féparés de l'intérêt commun de leurs pères, la jaloufie des plus foibles, l'heureufe félonie de quelques-uns, des confifcations aplaudies par les égaux envieux, des mariages & des donnations, telles font les voyes par où la Monarchie diffipe les ligues, par l'effroi de la difcorde & de la défiance & rarement la Souveraineté a l'union qui lui eft néceffaire.

La différence entre l'Ariftocratie de Pologne & celle de notre Gouvernement Féodal eft que la première ait reçû des règles fixes & que ces règles ont établi une forte d'égalité entre les membres, quoique fous des claffes différentes, au-lieu que la feconde n'ayant jamais été établie que par le hazard de différens degrés d'ufurpation, elle n'a point eû de Loi certaine ; nos Rois fe font trop bien conduit pour le permettre : fixer des Loix à un abus, c'eſt l'autoriſer, le rendre durable, la Loi du plus fort avoit conſtruit cette uſurpation elle en devenoit odieuſe & ainſi elle n'a jamais été plus proche de ſa deſtruction que dans le tems de ſa plus grande force.

ARTICLE VII.

Le corps Germanique.

C'EST une aſſociation des Princes Souverains & de Villes libres, elle doit être conſiderée en elle-même comme une Ariſtocratie bien conſtituée.

Le corps Germanique a grand nombre de ces reglemens que je viens de dire qui manquoient à notre Gouvernement Féodal & qui font défectueux chez les Polonois. Ces Loix empêchent du moins le renverſement total du corps, ſi elles ne préviennent pas ſon affoibliſſement.

On ne dira pas du corps Germanique, qu'il foit Acephale, fa tête pèfe autant que tout le corps, fi même elle ne l'emporte, femblable au Jupiter d'Homère qui fe vantoit de pouvoir enlever tous les Dieux de l'Olimpe à la fois avec une chaîne, & outre la fuputation des forces de la maifon d'Autriche, il faut accorder une grande fupériorité de puiffance, à l'union fous un même maître, en comparaifon des puiffances difperfées qui fe ligueroient enfemble s'il étoit queftion de refifter à leur Chef.

Mais il faut convenir qu'heureufement pour l'Europe, il y a encore bien loin des progrès que l'Empereur a fait fur les Vaffaux de l'Empire, à ceux qu'il veut faire & qu'ont fait les fucceffeurs d'Hugues-Capet. Nous ne décrirons pas ici tout ce qui a été employé jufques ici d'adreffe plutôt que de force.

Dès que le Chef d'un tel corps a acquis une certaine mesure de puissance par lui-même, il se sert de tout pour l'accroître, & ce n'est plus que l'affaire du tems, il employe surtout pour lui les avantages d'un inconvénient sans remède & qui sans cela ne seroit rien en lui-même, c'est l'inégalité entre les membres, il engage les grands Vassaux en les flatant de plus de grandeur & les petits par un secours qui leur devient nécessaire, & c'est cette protection qui constitue la dépendance.

ARTICLE VIII.

La Hollande.

La Hollande comme les Sept Provinces ont deux objets dans leur Gouvernement : conserver sept Souverainetés particulières indépendantes l'une de l'autre, & purement Démocratiques ; maintenir l'affociation de ces Provinces pour le bien commun & en gouverner les intérêts Politiques au dehors des Etats.

Cette affociation eft également Démocratique ; elle eft conduite par peu de Députés du Peuple qui n'ont qu'un caractère momentané ; ils retombent dans l'état privé & dans l'égalité lorfque leur tems de Magiftrature eft fini.

On connoît peu de Nobleffe originaire en Hollande, le peu qui y refte eft fufpect ; c'eft-là l'efprit du Gouvernement, quoique le tems & les abus travaillent à défigurer tous les jours les plus falutaires Conftitutions. Ainfi voilà un Gouvernement très - purement Démocratique, & quant à fa bonté, on peut en appeller aux effets.

Tout le terrain des Sept Provinces - Unies

en déduifant les eaux qui y font enclavées, n'a pas plus d'étendue que notre Normandie; un fi petit Pays a fait le Commerce des quatre parties du monde, & le fait encore en grande partie : il a fourni des fommes immenfes pour divers établiffemens, & a fubvenu à des Guerres qui auroient fait fuccomber les plus puiffantes Monarchies ; mais ce qui eft plus admirable, c'eft la perfection intérieure du Pays en toutes les chofes qu'on peut dire de la nature & de l'art. Ce bon entretien, cette propreté prefque divine qui regne dans tout le public, comme dans le particulier, ce qui ajoute à la beauté, des magnificences inconnues ailleurs. Si les Souverains raifonnoient bien, il femble qu'ils ne devroient permettre les profits du dehors que quand toutes les perfections du dedans font épuifées. Il y a longtems que la Hollande en eſt là, & cela ſe continue par ſoi-même ſans aucune altération, ni relâchement, & avec des ſoins & une patience néceſſaire, ſi l'on veut, à la ſituation préſente du Pays; mais qui paſſant le beſoin, montre bien que cette aſſiduité infatigable eſt devenue le propre de la Nation.

Que l'on voyage dans les lieux où une République avoiſine un Etat Monarchique, il ſe trouve toujours des enclaves par où ces Souverainetés ſont mêlées enſemble, on connoîtra aiſément les terres de la République, & quelles ſont celles de la Monarchie, par le bon état des ouvrages publics, même des héritages particuliers; ceux-ci ſont négligés, ceux-là ſont peignés & floriſſans.

Grande étude pour tout Monarque qui voudra véritablement policer ſon Etat. Les reſſorts qui produiſent ce mouvement dans

les

les Républiques , font-ils abfolument ennemis de la Royauté? qu'on les exclue, rien n'eft plus jufte ; mais fi en les difcutant & pour ainfi dire en les anatomifant , on trouve qu'ils n'y nuifent pas , & même qu'ils y fervent ; on ofe l'avancer ici , quelle ftupidité d'en négliger l'examen & l'application.

L'intérêt du Peuple mene continuellement le Peuple, même dans la République des Provinces-Unies : on y reconnoît la puiffance publique dans l'effet des Loix ; chacun eft parfaitement libre dans ce qui ne nuit point aux autres : de l'ufage de cette liberté, & de cette multiplicité d'intérêts qui agiffent fans fe choquer, réfultent des effets immenfes du Commerce : le Commerce paroît de loin raifonné fur des principes généraux entre tous les Commerçans de Hollande, & c'eft-là une fource d'erreurs pour nos Politiques ; il

en eſt de cela comme d'une fourmillière
ou d'une ruche d'abeilles, où chaque inſecte
agit ſuivant ſon inſtinct, il réſulte de leurs
actions un grand amas pour les beſoins de
la petite Société ; mais cela ne s'eſt point
opéré par des ordres, ou par des généraux
qui ayent obligé chaque individu à ſuivre
les vûes de leur Chef.

Une partie des défauts de notre Commerce porte ſur ce préjugé : on prétend faire
vouloir, & agir ce qui ne peut vouloir &
agir que librement, on ignore que les différens intérêts du Commerce ſont auſſi multipliés qu'il y a de négocians dans un Etat ;
l'admiſſion de l'un eſt l'excluſion de l'autre,
ainſi cette ſcience du Commerce n'eſt pas
plus donnée aux Chefs du Gouvernement
que la Philoſophie univerſelle. Il y a longtems que l'on a dit qu'il ne faut au Com-

merce que protection & liberté , & peut-
être abandonneroit-on l'un pour jouïr pleinement de l'autre.

Quand nous voudrons étudier quelques
principes du Gouvernement de Hollande, nous
en trouverons des traces sans sortir de chez
nous dans la portion des Pays-Bas que nous
avons acquise & qui forme une de nos frontières. Ces Peuples s'y gouvernent encore
par des Magistrats municipaux, les Flamands
doivent être nés avec un esprit de justesse
& d'œconomie plus propre à l'administration
que les autres Peuples.

Ce qu'on y a laissé subsister de leur méthode pour lever les impositions sert plus
qu'il ne nuit à l'agriculture & au Commerce: c'est ce même esprit d'œconomie & cette liberté dans l'action du Gouvernement intérieur qui avoient rendu les derniers Ducs

de Bourgogne fi riches en argent comptant & plus puiffants que nos Rois.

Dans ces mêmes Provinces on voit les villes les unes fur les autres, les bourgades floriffantes, la campagne bien cultivée; tout abondant, tout foigné: leurs Loix Féodales font obfervées, les Nobles n'y font pas faits pour dominer, ni l'efprit Flamand pour s'élever au deffus des matières œconomiques.

Tout Gouvernement a fes défauts; celui de Hollande a beaucoup de bras & manque de tête dans les occafions, où il en faut néceffairement, comme font les Guerres défenfives & tous les tems difficiles.

Dans les Conjonctures preffantes les Romains fortoient de leur jaloufie de liberté & créoient un Dictateur: à la fin les Généraux illuftres enchaînoient la République. La Hollande fent toute l'étendue de cet in-

Cet Ecrit eft avant le Stadhoudérat établi en 1748.

convénient, elle l'éprouve depuis fa naiffance dans les fervices & dans les dangers qui
lui font venus de la maifon de Naffau. Au
refte il n'y a plus que la reconnoiffance &
les grands Domaines poffédés dans la République qui la lie encore avec ceux de cette
maifon : elle peut trouver ailleurs de grands
Capitaines pour la protéger ; mais ce choix
& fes fuites font fort difficiles.

Comme les Magiftrats y font à tems &
amovibles, lorfqu'on les renouvelle, il arriveroit que des gens neufs ne pourroient pas
gouverner l'Etat felon fes ufages & fur les
derniers errements de leurs Prédéceffeurs. On
y rémédie d'une manière qui pourroit s'appliquer à toutes les Compagnies. On a établi des Confeillers Penfionnaires qui font perpétuels , mais qui n'ont pas voix délibérative ; ils reftent les Dépofitaires de la règle ;

ils propofent, ils excitent, ils avifent, mais ils ne font les maîtres de rien, fi ce n'eft par l'empire de la raifon & de l'expérience; par-là la liberté eft en fûreté & les règles font confervées.

ARTICLE IX.

La Suiffe.

La Suiffe eft moins floriffante que la Hollande, le terrain y eft fort ingrat, les habitans en font auffi lourds, mais plus groffiers, le défaut des converfations, ou pour mieux dire d'imagination, rend les Hollandois inhabiles aux Belles-Lettres; mais la groffièreté des Suiffes ne leur laiffe qu'un inftinct droit pour leurs affaires, nulle vûe pour le Commerce & toutes les vertus Militaires en partage excepté celles du Commandement: auffi fe vendent-ils pour la Guerre, & c'eft un des principaux trafics qui jette quelqu'argent en Suiffe.

Si un tel Pays étoit condamné à appartenir à un Monarque, ce feroit bientôt le plus miférable de tous les Royaumes & d'ailleurs les Suiffes ferviroient auffi mal un Souverain, que le Souverain les commanderoit mal, c'eft ce qu'ils ont fait voir lorfqu'ils ont fecoué le joug.

En quel Pays trouve-t-on des montagnes cultivées jufqu'au fommet comme dans la Suiffe, la feule liberté infpire le travail.

Ce qui perfectionne encore l'intérieur des Républiques, c'eft la petiteffe des diftricts, les Magiftratures populaires ne réuffiffent pas ordinairement à conduire une étendue de Pays fort confidérable; pour bien faire il ne leur faut qu'une ville, ou quelques villages de dépendance, & quand leur diftrict s'étend davantage , ils en négligent les extrémités, ils favorifent ce qui eft plus proche, ils excitent des jaloufies entre les villes d'égales forces, ils afpirent à la Tirannie; & telle a été la principale caufe en Italie de tant de Républiques tirannifées par leurs Magiftrats.

D'ailleurs les foins multipliés font plus fréquens & plus affidus fur un objet de peu d'étendue, les intérêts réciproques fe combinent mieux, les contrariétés font moins confidérables. La Suiffe eft un Pays de toute égalité entre les Citoyens & s'il y en a un au monde où on ait égard au mérite dans les éléctions , on dit que c'eft celui-là, le mérite l'examine avec bon fens & par des fenfations plus phyfiques que fpirituelles; c'eftlà toute la pénétration de ces Peuples, nous ne la leur envions pas , mais peut-être nous ferviroit - elle mieux que ce que nous appellons fagacité.

ARTICLE X.

La France.

La France est une Monarchie absolue dont le Despotisme est tempéré par la raison & par la Justice qui suggere au Monarque de recevoir aide & conseil de ceux qu'il lui plaît de choisir dans les trois ordres de son Etat. Nous en parlerons assez dans les Chapitres suivans.

ARTICLE XI.

Espagne.

L'Espagne a des Colonies qui lui rapportent de l'argent, la Hollande en a qui ne lui rapportent que des épiceries : cependant ce petit Etat est cent fois plus fort que ne lui promet l'étendue de son terrain. L'Espagne eſt cent ſois plus foible à proportion de ſon continent, comparé à celui des Provinces-Unies, le dedans de ces Provinces eſt floriſſant par tout & fourmille d'habitans, l'intérieur de l'Eſpagne n'eſt que miſère.

Plus il vient de richeſſes du nouveau monde en Eſpagne, plus le partage s'en fait avec inégalité & engendre par conſéquent tous les maux Politiques que produit entre Citoyens, l'inégalité des biens.

La plus grande partie de ces retours en eſpèces va au Roi d'Eſpagne & enſuite à quelques-uns de ſes Officiers qui s'enrichiſſent la pluspart par prévarication ; chargés de maintenir l'ordre, ils ont intérêt de le troubler.

Après les Vicerois & Gouverneurs, quelques Marchands Eſpagnols y participent, non par un travail induſtrieux de manufacture ou de Commerce ; mais en prêtant leurs noms pour frauder la Loi par fubtilité & par tromperie & prefque tout le refte de ces retours, paffe légitimement aux étrangers.

J'avancerai donc qu'en Efpagne l'on trouvera le plus de quoi prouver combien l'inégalité des richeffes eft un mal entre Citoyens, & il y a de certains principes, où le prejugé d'un raifonnement demande des exemples frapants & celui-ci eft du nombre.

On prétend généralement que des Citoyens fort riches font un grand bien dans un Etat en ce qu'ils font travailler les autres.

Je conviens que dans un Etat commerçant, il y aura toujours de ces coloffes de fortune qui font un ufage fupportable de leurs biens; mais quelques bons effets qu'on tire d'un mal, ils ne font que l'adoucir & ne détruifent pas le mal en lui-même.

Pour le prouver, qu'on examine quel étoit l'Etat d'Eſpagne avant la découverte de l'A-mérique, & ſi l'on remonte à ces tems les plus anciens, les Eſpagnes paſſoient pour le Pérou de l'Europe, on ne voyoit point alors de Pays plus peuplé ni plus cultivé, plus a-bondant en beſtiaux, plus riche en tout & même il y avoit de l'or, non cet or que les Eſpagnols ont été chercher ſi loin avec tant de cruauté.

Quand les Maures les conquirent, il faut voir les relations qu'ils font de ces heureux Pays & les Arabes étoient connoiſſeurs. La ſuite des Guerres civiles, eſt toujours l'aug-mentation du Deſpotiſme, car les Peuples veulent ſe repoſer, quand les factions & les factieux ſont détruits. C'eſt ainſi que les Rois Chrétiens devinrent plus abſolus que ci-de-vant, lorſqu'ils eurent regagné leurs petits

Royaumes , ils fouffrirent les Maures qui voulurent fe foumettre & rien n'étoit encore plus fertile que l'Efpagne , mais fon abondance alloit décliner.

Ferdinand le Catholique chaffa tous les Maures & les Juifs, il en fut fort loué par le Pape, l'Efpagne perdit un tiers de fes habitans. Enfuite on découvrit l'Amérique, l'Efpagne en fit fa conquête & voici ce qui lui eft arrivé.

Plus de la moitié de fes habitans alla peupler l'Amérique , ces nouveaux Colons ont envoyé dans leurs Patries quantité de denrées étrangères dont on fe paffoit bien auparavant & fur-tout beaucoup d'or & d'argent.

On diroit que cet or étranger repugne à prendre racine chez les Efpagnols qui l'ont découvert, car il gliffe pour ainfi dire fur la fuperficie de leur Pays & il ne paroît que chez les autres Nations.

Depuis cela l'Espagne a moins de Manufactures, elle a abandonné l'agriculture & a
augmenté en luxe, source de ruïne pour les
Peuples les plus conquérants: quelques Grands
enrichis par la découverte des Indes, prè-
chent le luxe par leurs exemples, les Rois
sur-tout se sont jettés dans une ambition ex-
travagante.

Philippe II. prétendoit conquérir la France & l'Angleterre & ne se cachoit pas de
viser à la Monarchie Universelle dont on se
réjouïssoit en effet; mais à quel prix. Flotte
armée d'étrangers, travaux pour forcer la
nature, bâtiment de mauvais goût, corruption, mille chemins par où l'argent sort du
Royaume & aucun pour y rentrer. On peut
comparer l'or des Indes qui vient en Espagne à celui que les particuliers gagnent au
jeu, il ne profite point, on le dissipe folle-

ment, & on finit par perdre fon Patrimoine.

Ce mauvais principe de conduite eft fi o-piniâtre pour le malheur de l'Efpagne, qu'il fubfifte encore aujourd'hui, & qu'après tant de contretems où la Providence a armé les caufes apparentes, l'Efpagne ne fait pas un feul bon emploi pour le Pays de toutes les richeffes qui lui arrivent tous les jours.

Tel eft l'effet de la mauvaife diftribution des tréfors : les riches ne favent que faire de leur argent, & fi les pauvres y partici-poient, ils en feroient cent bons emplois a-vant que d'en faire un mauvais ; ils com-menceroient par fe retirer de la mifère, ce qui ôteroit un des fléaux de l'Etat, ils tra-vailleroient enfuite à s'affûrer leur fubfiftan-ce, après le néceffaire viendroit l'utile, ils amélioreroient leur Patrimoine & mettroient l'abondance dans le Pays. Les riches au contraire ne peuvent fonger qu'au luxe & le luxe étend les befoins de l'homme, même aux yeux les plus fages; le public fe fait illufion par quelques travaux extraordinaires, par quelques établiffemens d'éclat ou d'orgueuil que des riches mieux intentionnés que d'autres font fouvent en faveur du public; mais qu'on calcule un peu & l'on trouvera que les mêmes fommes d'argent ainfi ramaffées fi elles avoient été diftribuées à différens particuliers euffent bien autrement aidé le Public.

Les Maures & les Juifs chaffés par Ferdinand V. & pourfuivis encore fous fes succeffeurs par les inhumanités de la Ste. Inquifition emportèrent avec eux beaucoup d'argent.

Celui-ci avoit tout un autre ufage en Efpagne que n'a eu celui des Indes, il y étoit

mieux

mieux naturalifé , il circuloit , il aidoit le Commerce, il fe répandoit par - tout.

Je vais récapituler les Articles des pertes réelles que l'Efpagne a fouffertes depuis environ 250. ans.

Le tiers de fes habitans perdus par le banniffement des Maures & des Juifs.

L'argent qui circuloit par les Profcrits.

Les fuplices de l'Inquifition.

L'accroiffement du Monachifme & du Clergé & par conféquent du Célibat pour contrecarrer davantage les héréfies du feizieme fiécle.

Les fondations nouvelles plus Ecléfiaftiques que pieufes, animées par les richeffes de l'Amérique.

Le dépeuplement de la moitié du continent en Europe pour aller défricher l'Amérique & l'Afie.

F

Les nouvelles maladies venues des Indes & qui ont choisi l'Espagne pour leur premier séjour en Europe.

L'acquisition des Provinces éloignées par la succession de la maison de Bourgogne.

Les Guerres étrangères pour acquérir, ou pour défendre d'autres Provinces éloignées.

La mauvaise distribution des richesses des Indes, l'augmentation du luxe, la diminution de l'agriculture & des arts & par-là cette Nation livrée toute entière à la fainéantise que lui inspire naturellement la chaleur du climat.

On reconnoît en tout cela quels peuvent être les malheureux effets du Despotisme quand un seul homme se trompant par ses passions dans sa fausse Politique entraîne l'erreur universelle de toute sa Nation.

Les Espagnols sont courageux & élevés,

Ils aiment l'honneur jufqu'à la gloire. C'eſt de-là que vient leur amour & leur obéiſſan- ce aveugle à leurs Chefs, non par crainte, mais par une fidélité héroïque; ainſi le vé- ritable Deſpotiſme eſt né en Eſpagne. Char- les-Quint diſoit que toutes les autres Na- tions vouloient être careſſées, & les ſeuls Eſpagnols commandés.

Un Gouvernement Républicain ou mixte ſe fut conduit tout autrement lors de la découverte du Pérou : il eût écarté les pan- chans qui ne viennent que des paſſions d'un homme ſeul, comme font les Guerres d'am- bition & l'opulence ſubite des favoris, il eût admis la concurrence d'intérêt de toutes les villes d'Eſpagne propres au Commerce ; les richeſſes étrangères euſſent tourné au profit de tout l'Etat & c'eſt ce qu'on voit dans l'Hiſtoire du Commerce de Hollande & de Veniſe.

Le Gouvernement d'Efpagne a eu longtems un fonds d'Ariftocratie naturelle à toutes Nations conquérantes, comme ont été
les Goths: les Capitaines qui ont affermis le
Trône obtiennent leur part dans le Gouvernement Civil par la fupériorité qu'ont mérité
leurs fervices, ces diftinctions paffent à leur
race & de là vient qu'on l'appelle grande
Nobleffe, elle fe regarde comme approchan-
te à la Royauté jufqu'à ce que le Defpotifme plus rafiné éclaire mieux les prétentions
& fon ignorance.

On ne prenoit autrefois les Miniftres &
les Confeillers d'Etat en Efpagne & en Portugal que parmi les grands ; mais de plus
en plus on les écarte du maniement des affaires pour n'y admettre que des gens de faveur, de fortune & de quelque mérite.

Mais le Peuple y eft encore moins écouté

qu'en France , tous les Officiers de ville &
de Province font Officiers Royaux , l'honneur d'émaner directement du Trône eft
trop précieux chez cette vaine Nation pour
que cela foit autrement ; les Officiers négligent leurs fonctions, vexent les humbles &
font hautement des baffeffes mieux qu'ailleurs.

Les abus du Gouvernement font moins
fenfibles aux Efpagnols qu'à toute autre Nation, contentement paffe richeffes, la privation n'eft fàcheufe que par le befoin, il leur
faut peu de commodités pour le corps , il
leur faut des chimères dans l'efprit & tout
les y entretient jufqu'à leur décadence.

ARTICLE XII.

Le Portugal.

LE Portugal démembré d'Efpagne en a à-
peu-près les mœurs en quelques articles, l'art

ajoute encore à la nature, le Gouvernement
& la Cour de Lisbonne se modèle sur ceux
de Madrid.

Le Portugal a aussi son Pérou, l'usage
qu'il fait de l'or n'est pas de faire des conquétes en Europe, mais on ne voit pas qu'il
l'ait encore appliqué à se fortifier, ni à se
rendre heureux : satisfaire le luxe, ou quelque caprice, voilà les défauts de la Royauté, ces défauts deviendroient des vices chez
un conquérant.

En comparant les abus du Gouvernement
Portugais avec ceux de l'Espagnol, on y
trouvera un principe qui n'est pas indifférent
en Politique, c'est que plus un Etat est petit,
mieux il se gouverne par proportion à un
plus grand de la même espèce: que de con-
séquences à tirer de cette preuve, il est
donc utile de diviser les soins, les biens, les

diſtricts & chaque ſphère d'intérêts , plus leur objet eſt ménagé plus les reſſorts en ſont vifs & ſoutenus; mais de ſavoir juſqu'où doit ſe porter cette réduction des objets, ce ſeroit peut-être une des premières & des plus eſſentielles parties de la ſcience pratique du Gouvernement.

On trouvera donc en Portugal le bon & le mauvais étant de même eſpèce qu'en Eſpagne, le bon eſt meilleur & le mauvais eſt moindre.

Les Colonies Portugaiſes ſont mieux gouvernées que celles d'Eſpagne, elles rendent davantage à proportion, on y fraude moins, les Monopoleurs y ſont plus rares & mieux punis, mais tout cela eſt encore mieux gouverné dans les Colonies Hollandoiſes qui dépendent d'une République.

Le dedans du Portugal eſt moins miſérable & mieux adminiſtré qu'en Eſpagne, les Provinces plus peuplées.

Les Portugais n'ont point eu toutes les ſources de dépériſſement dont j'ai parlé à l'Article d'Eſpagne, mais ils y ont participé.

Ils ſont à l'abri des conquêtes étrangères en Europe, ce qui eſt encore un très-grand avantage ſur l'Eſpagne: quel bien de ſe trouver par état content du domaine qu'on poſſède, cette ſituation produira tôt ou tard de grands fruits en Portugal, il ne s'agit plus que d'un regne ſage : les intérêts ſont ſenſibles & les moyens dans les mains de la Nation, toute la politique du Conſeil de Lisbonne ſe réduit aujourd'hui à ſe défendre contre l'Eſpagne, qu'on y ſonge donc & par des moyens plus éficaces que ceux qu'on a pris juſqu'à cette heure. Ces moyens ont été de ne ſe confier aujourd'hui qu'à la ſeule

Nation Angloife, & pour prix d'une défenfe dont le cas eft éloigné, on lui donne
toute la réalité d'un Commerce riche exclufif; les Portugais pourront dans la fuite par-
tager davantage leur alliance, & leur Commerce, par-là ils s'acquereront un plus grand
nombre d'amis intéreffés à leur défenfe, par-
là ils doivent regagner la liberté du Commerce, & en recommencer l'ufage en s'occupant eux-mêmes de celui qu'ils peuvent
faire pour leur befoin fans recourir à des
voifins qui enlevent leur fubfiftance; ce font-
là les véritables intérêts de cette Nation.

ARTICLE XIII.

Sardaigne.

LE Royaume de Sardaigne augmente d'âge
en âge par l'habileté de fes Rois & les ef-
pérances font grandes d'accroître encore cet

te nouvelle Monarchie , la Maiſon régnante appellée à la ſucceſſion d'Eſpagne toujours prête à profiter des jalouſies de l'Europe contre les deux branches de la maiſon de France & d'Autriche , il ne s'agit que de l'habileté à profiter des occaſions, & juſques ici cette vertu n'a pas manqué au Conſeil de Turin, ſi même elle n'a pas paſſé les bornes. Les Peuples ne peuvent mieux faire que de ſe livrer à des Princes ſi vigilans pour la proſpérité de la Nation.

On peut tolérer à un petit Souverain l'ardeur de s'agrandir, elle fait partie de la néceſſité de ſe défendre, ſur-tout quand il ſe trouve ſitué entre des Princes puiſſans & inquiets: il n'y a que Machiavel qui puiſſe aller plus loin que la tolérance dont je parle & qui peut paſſer aux Ducs de Savoye, ce que leur reproche le Préſident Janin dans ſes

àvis fur la reftitution du Marquifat de Sa-
luce, d'ufer plus fouvent de la finefſe des
Africains que de la franchiſe dès Septentrio-
naux.

Cette Monarchie eſt de la proportion qu'il
faut pour être bien gouvernée, auſſi le Roi
Victor l'avoit-il autant bien réglée qu'eût pû
l'être une République; de fon tems c'étoit
pour ainfi dire un Etat tiré au cordeau, on
y pourvoyoit à tout, il en a rédigé toutes
les Loix dans un feul code. Les finances &
l'adminiftration Militaire de même, tout s'y
reffentoit de la propreté qu'on voit dans les
petits ménages. Les grandes Monarchies
pour fe relever de l'indolence qu'entraînent
leurs grandeurs y auroient pû prendre des
leçons utiles & applicables à chacune de
leurs Provinces.

ARTICLE XIV.

Dannemark.

LE Dannemark eſt ſujet depuis longtems à avoir des Rois médiocres & le rolle qu'il joue en Europe reſſemble à ſes Rois.

La terre ſemble plus neuve en ces Pays-là qu'ici, les hommes & les animaux y ſont plus forts, la fécondité y donne l'abondance, les pâturages ſont plus gras ; l'Etat y eſt naturellement Militaire.

L'or y manque, il n'eſt devenu un beſoin dans le Nord que depuis que les Pays Méridionaux d'Europe, en ont regorgé & ont entraîné les autres dans un luxe d'exemple, autrefois le Nord nous a inondé par ſes habitans & par un malheureux retour nous l'inondons de nos vices.

De-là vient la baſſeſſe qu'ont aujourd'hui les Nations de ſe vendre pour des ſubſides; ils trafiquent ainſi le ſuffrage de la Nation dans les affaires générales de l'Europe & leurs troupes qui en ſoutiennent les deſſeins, par-là il font cette faute nationale d'entrer dans une involution d'intérêts qui ne les regardent point.

On y a conſervé l'ancienne forme des E-tats populaires: la Nobleſſe y fait corps à part, mais concourt dans les délibérations Provinciales. C'eſt un bonheur pour ces Nations & pour leurs Souverains qu'on y reſpecte l'ordre que le hazard y a introduit; je parle de celui qui ſépare chaque Province ſuivant qu'elle a été acquiſe ſucceſſivement, par-là chaque Province reſte diſtinguée & a ſes Etats ſéparés qui adminiſtrent bien mieux le dedans de chacune, que ne feroient les

Etats généraux de toute la Nation. Ces Etats généraux renverseroient la Royauté où auroient été anéantis par elle & toute Démocratie cesseroit à la fois.

C'eſt ce qui nous eſt arrivé en France, quelques-unes de nos Provinces ont encore le Droit d'étape & gouvernent moins mal que le reſte du Royaume ; le Pouvoir arbitraire y a été trop jaloux de ſes Droits, il a préféré le déſordre & la miſère à tout ce qui portoit avec ſoi le caractère de liberté ; c'eſt ce qui a fait détruire les Etats nationaux & ce qui réduit tous les jours à moins d'autorité les Etats Provinciaux qui ſubſiſtent encore.

ARTICLE XV.

Le Pape.

Le Pape eſt dans ſon Etat un Souverain

Defpotique, il gouverne fes Provinces par des Légats, les villes ont des Gouvernemens & en tout cela nulle image de Démocratie.

Le Confiftoire ne borne le pouvoir du Pape que fur les affaires de l'Eglife univerfelle, ou dans les cas où il s'agiroit d'aliéner le patrimoine de St. Pierre; mais les Papes font élus vieux, & ne peuvent influer fur le choix de leurs fucceffeurs; ils ne peuvent donc étendre leur pouvoir à toutes les chofes où vont la plénitude de la propriété & le Droit héréditaire chez les autres Souverains; ainfi ils refpectent les règles & les ufages, ils tirent feulement ce qu'ils peuvent en faveur du Népotifme.

ARTICLE XVI.

Les Deux Siciles.

Les deux Monarchies renouvellées de Naples & de Sicile ne diffimulent pas à leurs Peuples, le deffein qu'elles ont d'aller au Defpotifme le plus abfolu & de fe modeler en tout fur celui d'Efpagne.

Tant que l'Efpagne aura à cœur comme aujourd'hui de les affifter de toutes fes forces & d'y prodiguer fes tréfors, le Roi de Naples gouvernera abfolument fes Sujets, à peine aura-t-il quelque ménagement de prudence à y apporter, il augmentera fes revenus, il fe formera un Etat Militaire capable de défenfe & même d'entreprife, il fera fleurir le Commerce, il abaiffera les grands, il éteindra les dangereux privilèges de la Nobleffe ; en un mot il prendra tout le fiftême moderne des Souverains d'aujourd'hui, de renverfer les grandeurs qui font entre le Thrône & le Peuple pour qu'il y ait plus loin de lui à fes premiers Sujets.

Mais

Mais fi jamais l'apui d'Efpagne venoit à lui manquer avant que d'avoir confommé fes deffeins ; on ne fauroit dire ce que deviendroient ces deux Monarchies & quelle forte de pouvoir s'y établiroit.

Ces Royaumes fortent des Gouvernemens des Vicerois & ils ont fubfifté de cette forte pendant deux fiécles; qu'on fe figure quel pli ils ont pris apartenants à des maîtres éloignés & adminiftrés par des Gouverneurs de différent caractère, envoyés & dirigés par la néceffiteufe maifon d'Autriche, toute la puiffance publique ne s'y eft occupée que de tirer le plus d'argent qu'elle a pû des Pays ; de la part du Gouvernement, faire fouffrir aux Sujets par des voyes foibles ce qu'on ne pourroit exprimer, éprouver de fréquentes révoltes & fe contenter de prévenir les révolutions totales.

G

Un Peuple entier prend ces mauvaifes habitudes fous les mauvais Gouvernemens, comme un enfant qu'on éleve mal, ces habitudes peuvent paffer, mais elles tiennent longtems au fonds du caractère.

L'Hiftoire ancienne ne dit point que les Napolitains & les Siciliens fuffent originairement plus inquiets que les Tofcans, ainfi c'eft des nouvelles habitudes que je parle que font venus des Nobles infolents, des Peuples mutins & des mœurs fcélérates : il faut la verge de fer pour réprimer tant de vices politiques & moraux.

Avec cela le Pays n'eft pas miférable ; la foibleffe du Gouvernement précédent a laiffé aux Peuples toute la liberté néceffaire pour travailler à leurs affaires.

Naples eft une Capitale des plus floriffantes de l'Europe, la Sicile eft auffi-bien cultivée que fi Cérès s'en méloit encore.

ARTICLE XVII.

Modène & les autres Etats d'Italie.

Le Duché de Modène est le seul des E-
tats particuliers d'Italie qui nous reste à
nommer : on y a éteint dans ce siécle Man-
toue, Parme, Plaisance & Toscanne, c'est le
tour de Modène de subir le sort de tous les
petits Tirans d'Italie qui sont devenus la
proye des Grands ; image honteuse parmi les
hommes de ce qui se passe parmi les animaux féroces.

Toutes ces Souverainetés particulières ont
dû prévoir leur perte dès qu'elles ont cessé
d'avoir un Etat de troupes suffisant pour se
défendre & pour figurer parmi leurs égaux.
Non de ces troupes de réserve & de solde,
plus moles que des femmes & plus poltron-

nes que des lièvres, mais compofées d'hommes qui faffent leur unique métier de la Guerre & qui ne craignent pas de mourir.

Tous ces Souverains n'ont pas manqué d'autorité fur leurs Peuples, leur revenu étoit bien fondé, ils gouvernoient des Pays riches & fertiles, on y a jouï de la liberté néceffaire pour entretenir l'abondance, mais qu'eft-ce que le bonheur quand on n'eft pas fûr de fa défenfe, c'eft un beau fonge qui paffe, ce n'eft qu'une victime engraiffée.

Depuis Charles VIII. qui alla troubler l'Italie, ces beaux Pays font à tout moment la proye du foldat effréné qui porte la rapine & l'incendie dans les héritages, les Italiens ne connoiffent plus pour toute réfiftance que quelques vengeances fourdes dont ils payent des injures ouvertes.

Le Grand Duché de Tofcane fe reffent

des bienfaits du Gouvernement Républicain, & de-là les Toſcans ſont paſſés ſous l'autorité des Princes riches par eux-mêmes & toujours Commerçants, moyennant quoi les Droits & la dignité du Souverain ont pû ſe paſſer du ſang des Peuples ; mais ils viennent de tomber entre les mains des Allemands.

ARTICLE XVIII.

Souverains d'Allemagne.

Les Souverainetés particulières d'Allemagne & les Provinces héréditaires de la maiſon d'Autriche ſont gouvernées de même.

Un Souverain des Etats provinciaux en Allemagne n'eſt point gêné dans l'exercice de ſon pouvoir, les Etats qu'il aſſemble fourniſſent ſur ſes très-gracieuſes demandes le don gratuit qui lui convient, un goût trop exquis, une magnificence inquiette, n'infpire pas ordinairement aux Princes Allemands d'excéder de beaucoup leur dépenfe accoutumée.

Il leur faut du vin & des chevaux, comme il falloit au Peuple Romain du pain & des Spectacles, quelque douceur naturelle, beaucoup d'humanité entre ces Peuples tranquiles & robuftes ; voilà ce qui écarte de chez eux à la fois la tirannie & l'anarchie.

Tous ces Pays font heureux: ils fe font procuré l'abondance & dans le befoin ils peuvent faire des efforts qui n'énerveroient pas fenfiblement la campagne; c'eft ce qu'on a pû remarquer dans l'électorat de Bavière & dans les deux Palatinats, lorfque les Souverains y ont attiré des vengeances cruelles fur des Peuples innocents.

La Nobleffe y concourt avec le Peuple

aux délibérations nationales: elle ne se distingue que par des vieux châteaux, de longs titres, des alliances épurées de roture, le Commandement à la chasse & le talent de boire.

Parmi ces Souverains il y a des Rois, mais leurs Royautés sont hors l'Allemagne: ce n'est pas ordinairement la Royauté étrangère qui est la mieux gouvernée: ils se plaisent davantage dans leur Patrie & une Patrie si aimable.

La Saxe est peut-être le Pays du monde le mieux gouverné par des Etats, & c'est-là où l'on trouvera véritablement un plus heureux mélange de Monarchie & de Démocratie. Les finances des Souverains sont en ordre & au large: tout y est bien réglé, elles ont la réputation & le crédit nécessaires: le Roi Auguste II. tiroit de ses Peuples des fommes immenfes qu'il dépenfoit comme il vouloit à fes plaifirs, ou à fa Politique ; rien n'épuifoit fon épargne & l'abondance augmentoit toujours dans la Saxe.

Le Roi de Pruffe entretient cent mille hommes de troupes réglées, leur nombre & leur taille paroiffent également difproportionés au nombre de fes Sujets & à l'étendue de fes Etats.

L'Empereur tire de fes Pays héréditaires plus que les autres Princes & Electeurs de l'Empire ne tirent des leurs, car les befoins & les deffeins de l'Empire y font plus importants aux Peuples. Cependant l'affoibliffement après de grandes Guerres n'y a pas été fi fenfible qu'en France & en Efpagne. C'eft que les Peuples s'y gouvernent eux-mêmes, leurs intérêts font ménagés par d'autres fuffrages que par les horribles lumières de nos Traitants: les Peuples tirent des conjonctures le moins mauvais parti qu'ils peuvent. Ils choisissent les genres d'impositions les moins fâcheux pour la Campagne, ils les levent eux-mêmes avec le moins de frais & de vexations.

On se convaincroit encore davantage de tous les principes en parcourant l'Allemagne; on y trouveroit différents degrés de Démomocratie & qui selon les intérêts du Public y sont plus on moins abondants & les Souverains plus ou moins riches & respectés, la mesure de la Justice étant celle du succès du Gouvernement.

ARTICLE XIX.

La Russie.

L'Empire de Russie ou Moscovite n'étoit compté il y a cinquante ans que parmi les

Nations barbares : on confondoit celle-ci avec les Tartares & les Cofaques.

Un feul homme la tirée de cet état & la rangée parmi les Puiffances confidérables, redoutables & très-digne qu'on réprime fon trop de pouvoir ; car cette Puiffance étant arrivée foudainement à la politeffe s'eft trouvée d'une grandeur immenfe ; & on négligeoit l'immenfité par le mépris de la barbarie.

Pierre le Grand a donc été à la fois Légiflateur & Conquérant ; ce qui conftitue un des plus grands hommes que le monde ait vû.

Outre la vafte étendue de leur Empire, les Czars fe trouvent en poffeffion d'une autorité fans bornes fur leurs Peuples ; refpect & dévouement de fujetion, tel qu'on le voit naturellement chez des Peuples doux & Barbares. Ils font chefs de la Religion & de l'Etat.

Pierre le Grand étant donc réellement le maître de ſes Peuples en a fait tout ce qu'il a voulu & n'y a pas perdu de tems.

Le progrès de la politeſſe n'y eſt peut-être pas fort grand encore, mais les princi-pes en ſont ſi-bien fondés qu'elle fait tous les jours de nouveaux progrès ſans Princes capables, ſous des minorités & ſous des femmes de peu de mérite.

A un Peuple ainſi compoſé il faut d'au-tres Loix, qu'à ceux qui ſont plainement ſor-tis de la Barbarie, il faut par-tout exciter aux arts & même au luxe: il faut attirer les étrangers non pour augmenter les habitans & pour peupler, mais pour inſpirer des ma-nières polies & le bon goût.

La Politique Ruſſienne ſe trompe, ſi elle continue à entreprendre des Guerres d'ambi-tion. Cet Empire n'a déja que trop d'étendue & affez de côtes & de fleuves pour faire un grand Commerce; il ne devroit entrer que dans des Guerres où il pût fe gagner l'amitié & le concours des étrangers, faire oublier l'excès de fa puiffance, & non pas s'attirer l'envie dès la naiffance de fa Politique, déja l'Europe fe repent de lui avoir prêté des fecours propres à le perfectionner & de s'être endormi fur fes premiers progrès.

Le Czar defpotique comme il eft fur fes Peuples, n'élevera certainement pas fa Nobleffe à côté de lui, au contraire on a déja vû Pierre le Grand travailler efficacement à abaiffer les Boyards, fes fucceffeurs admettront le mérite aux places & éleveront les gens de fervice. Le tems de l'Ariftocratie eft paffé quand le Defpotifme a commencé fans fon fecours.

ARTICLE XX.

La Turquie.

L'Empire Turc eſt le comble de toutes les humeurs du Deſpotiſme & de la Tirannie.

Il faut aux objets un grand jour pour les connoître ; qu'on ſe convainque, en conſidérant l'Etat de la Turquie, de tous les maux que peut cauſer le Gouvernement Monarchique ſans l'admiſſion d'aucune Démocratie.

Car dans tout ce que j'ai dit précédemment des Etats les plus Deſpotiques, il y a toujours un certain nombre de ſuffrages propre à repréſenter les intérêts de la choſe publique ; ſi c'eſt la Nobleſſe qui approche ſeule du Trône elle eſt en grand nombre, elle a ſes intérêts, des Terres en propriété, & elle ſe fait écouter : ſi la Nobleſſe gouverne

féparément, le Peuple emprunte fon organ-
ne, fi la Noblesse concourt avec le Peuple,
c'est une véritable Démocratie.

Mais en Turquie la volonté feule du Monarque fait les Loix & conduit tout ou plutôt ne conduit rien.

Dans cet Empire barbare ce n'est ni la
cruauté des fupplices, ni la procédure Militaire de la Juftice criminelle, ou les chûtes
fubites des Grands de la Porte, qui confti-
tuent la Tirannie de ce Gouvernement ; peut-
être trouveroit-on de grands traits de Juftice dans ces pratiques effrayantes : ce font
bien d'autres effets de fervitude qui caufent
la décadence de cet Empire.

On n'y voit point des grandeurs innées,
mais le mérite n'y gagne rien, les choix
font guidés par l'avarice, ou dictés par le
caprice, & les Officiers font dépofés par la
même méthode.

Il n'y a pas plus de propriété dans les biens que dans les Charges, les dépoſſeſſions des biens viennent de la cupidité & de l'envie, mais rarement de la Juſtice.

Tout ce qui a quelqu'autorité ſur le Public eſt Officier du Souverain, ou plutôt en eſt l'eſclave.

Ces Officiers ne ſavent d'où ils viennent, ni où ils vont, ils ſont tirés du nombre des enfans de Tribu élévés dans le Serail, & leur race meurt avec eux, quoiqu'ils laiſſent beaucoup d'enfans; mais leurs biens retournent à l'épargne du Prince; par-là chacun n'eſt en ce monde que pour ſoi & ne peut ſonger qu'au préſent, ce préſent étant fort court il le bruſque par l'avarice & la débauche, de quel uſage ſeroit le mérite?

Le moindre Officier répréſente dans ce qui lui eſt confié toute la rigueur du Deſpotiſme du Souverain.

Les défauts du Gouvernement Turc attaquent plus la Police que les autres parties
du Gouvernement, & c'eſt le défaut de tous
ceux qui ont exclu la Démocratie. On me
demandera ſans doute ce que c'eſt que la
Police dont je parle ſi ſouvent.

La Police comprend tout, c'eſt le véritable Droit public qui règle les intérêts des
Citoyens reſpectivement avec la ſociété, c'eſt
l'ordre dont la Religion inſpire l'amour; de
l'obſervation des Loix réſulte le bonheur des
hommes, les mœurs tranquilles & la force
de l'Etat.

Il faut convenir que les armées Turques
ont leur force par la valeur des Janiſſaires,
qu'il ſe trouve quelques Cadis qui aiment la
Juſtice, qu'on la rend avec une préciſion
qui l'emporte communément ſur nos forma-
lités dilatoires & déclinatoires & que le
Sou-

Souverain y a beaucoup d'argent & de riches épargnes ; mais il ne faut pas s'en tenir à quelques traits vagues ou pris en gros dans l'examen du Gouvernement, il faut suivre quel a été le progrès des abus & prévoir où ils vont.

Je ne parle pas ici des vices de l'Empire même qui rendent le Grand Seigneur si sujet à être détrôné par une Armée, trouvant sa crainte dans ce qui fait l'appui des autres Monarques ; je traite des défauts qui retombent sur les Sujets gouvernés.

L'Empire Turc devient à rien ; il ne faut pas s'arrêter aux succès imprévûs de quelques campagnes par l'imprudence ambitieuse de ses voisins. Cet Empire s'énerve plûtôt véritablement qu'il ne se démembre, il se conserve encore extérieurement ; les jalousies réciproques des Princes Chrétiens font peut-être aujourd'hui fon appui le plus folide.

Les Turcs ne travaillent point, ils ne fe poliffent point, ils ne difciplinent point leurs Armées ; tendis que nous autres Chrétiens avançons beaucoup dans les arts.

Les Turcs ne peuplent point, ils admettent chez eux des Francs qui bientôt trop nombreux leur feront la Loi. Leurs villes prefques ruïnées n'auront bientôt point pierre fur pierre, l'Etat en eft changé autant que le nom, ces noms autrefois fi doux & qui rappellent encore l'idée de la politeffe & du goût de l'ancienne Grèce.

Les différentes proportions du Peuple Turc ne peuvent fe connoître ni s'ameuter pour les intérêts communs foit du Commerce foit de la Police, ou des mœurs, quelles Loix, quels reglemens, quel concert peut-il réfulter de fi grandes féparations de parties ? ainſi tout y eſt arbitraire & n'a pour unique objet que l'intérêt d'un ſupérieur avide & barbare.

Preſque tous les arts nouveaux y ſont proſcrits par la Religion & par la Loi : on ne veut recevoir des Chrétiens que le produit de leurs arts ; mais non l'art même & c'eſt juſtement la maxime contraire qu'admettent les Etats bien gouvernés ; la raiſon même reſte dans ſon enfance dès qu'on ſe refuſe la communication avec ceux qui travaillent à la perfectionner par la Philoſophie.

On croit fauſſement que c'eſt la Poligamie qui dépeuple la Turquie, les Chrétiens riches & libertins ont ici une Poligamie qui fait bien plus de tort à la propagation.

Cette autoriſation irrégulière chez les Turcs ſatisfait la fantaiſie de quelques gens trop riches qui ſe donnent autant de femmes qu'ils en peuvent entretenir ; mais le bas Peuple en trouve toujours aſſez.

C'eſt véritablement la miſère qui dépeuple le Pays dans celui-là, c'eſt la ſtupidité & l'indolence qui ſuſpendent les fortunes & qui retranchent les familles.

La propriété des peres ſur leurs enfans, engage ailleurs à l'amour du bien pour les avancer dans le monde, & l'amour du bien fait deſirer d'avoir des héritiers, il faut pour cela que les portes ſoient ouvertes à l'induſtrie à l'émulation & même à quelque ambition.

Si j'ai donc propoſé plus haut de grandes écoles & des leçons à prendre pour perfectionner le Gouvernement Monarchique par quelques Gouvernemens heureux, j'y donnerai celui-ci au nôtre comme la ſource de la plus triſte application, ſuite d'un Deſpotiſme outré ou mal entendu.

Les Lacédémoniens montroient à leurs enfans des Eclaves yvres pour leur imprimer
l'horreur du vin.

CHAPITRE IV.

Ancien Gouvernement Féodal de la France.

LE Gouvernement Féodal confiftoit dans
l'autorité que les Rois de France avoient fur
leurs Vaffaux immédiats & ceux-ci fur les arrières fiefs de la Couronne, les arrières Vaffaux fur d'autres nobles fubordonnés , & enfin tous les Seigneurs dominés & dominants
fur les roturiers, manants & habitans de leur
terre , & ces habitans étoient pour la plû-
part ferfs ou efclaves.

Le Roi n'avoit pas feulement ce qu'on

appelle la grand main & le droit univerfel comme aujourd'hui pour que tous les fiefs fe rapportaffent à lui directement ou indirectement ; il avoit encore les Droits régaliens que n'avoient pas les autres Seigneurs.

Mais comme tout cela n'étoit qu'ufurpation de la part des Seigneurs, il faut croire que fi les tems avoient continué à leur être favorables & fi la France depuis Hugues Capet n'avoit pas eu des Rois fermes, ou ceuxci des Confeils habiles, bientôt la fuferaineté fe feroit abfolument confondue avec la Souveraineté.

Les fiefs s'y appelloient originairement Bénéfices & étoient certainement à vie, ils devenoient héréditaires: les Comtés & les Marquifats n'étoient que des Charges amovibles, puis à vie, puis héreditaires & d'office ; de France, ils devinrent abfolument Patrimoniaux dans les familles, ces Officiers étoient chargés de rendre la Juſtice, & du Commandement des Armées, ils ſe ſubdéléguoient d'autres Officiers ſubalternes chargés des mêmes ſoins, ces ſoins donnant de l'autorité eurent des charmes pour ceux qui en étoient chargés, ils les élevoient & les enrichiſſoient, on les gardat, ils devinrent de Droit particulier & Patrimonial.

Telle eſt la véritable origine des fiefs & de tous les Droits qui en dépendent, uſurpation par-tout, tolérance forcée de la part de nos Rois, puis tolérance de convenance juſqu'à préſent pour les Droits qui en ſont reſtés & qui ne nuiſent qu'au Public, mais ſans offuſquer la Monarchie, elle a écarté ce qui lui étoit le plus incommode, ce qui ſubſiſte n'eſt qu'une ombre de Seigneurie & encore cette ombre eſt-elle bien fâcheuſe au Public, tel eſt le Droit de chaſſe ſur ſes voiſins ſource de querelle & d'inſultes, les Droits conſidérables de mutation & de relief en ſucceſſion collatéralle par où les terres mal adminiſtrées paſſent plus difficilement dans les mains qui les cultiveroient mieux. L'exercice de la Juſtice ſeigneuriale négligée par-tout & pratiquée par une race de gens avides, toujours occupés à exciter l'habitant ſimple à plaider & par tous ſes différens Droits, procès, chicannes, vieilles recherches, empêchement à la bonne culture des terres, rétréciſſement de l'abondance, obſtacle au bonheur de la Campagne.

On prétend que le Droit Féodal nous vient des Lombards & que ceux-ci l'avoient apporté du Nord.

Il eſt certain que les Romains, n'ont jamais connu cette odieuſe ſervitude, d'une terre fous une autre terre, une telle invention ne peut venir que de l'efprit d'orgueil & d'intérêt; une révolte rafinée a porté les fujets à copier les Rois dans les terres de leur Domaine, les douceurs des Rois fainéants a rendu toute ufurpation héréditaire, & les enfans ont enchéris fur les progrès de leurs pères dans une Tirannie qui les rendoient puiffans avant que de naître.

Qu'on ne cherche point l'origine des fiefs dans les premières conquétes de nos Francs fur les Gaulois; l'Hiftoire nous préfente quantité d'autres envahiffemens plus éclatans que celui-là: on ne voit pas que les conquérants fe foient avifés du Droit Féodal, ni de rien qui lui reffemble; il arrive bien que les vainqueurs s'arrogent quelques terres dans les meilleures fituations, ils les cultivent, ils y bâtiffent aux dépens des vaincus; mais dans ces tems de Barbarie on ne s'avifoit point de prendre des conceffions de plufieurs lieues en quarré comme ont fait les Européens dans la déferte Amérique, qui eût imaginé alors de prendre plus de terre qu'on n'en eût pû cultiver foi-même: on ne connoiffoit pas les baux les fousbaux, les rétroceffions, ni limitations, on avoit point de Negres pour les cultiver.

Les Capitaines François ne fe feroient pas avifé de relouer leurs terres à leurs foldats compatriottes à la charge d'hommage & de fervitude: tous ces guerriers fe regardoient a-lors comme compagnons, d'ailleurs un Champ de quelques arpents fuffifoit pour nourrir u-ne famille, les Gaules étoient fort peuplées & il ne faut pas croire que les Gaulois fuf-fent affez vaincus pour être efclaves comme nos Negres, ou feulement comme les efclaves des Romains : il reſtoit dans leur Pays, l'art, la déportation qui conſtitue principalement l'eſclavage, nul n'eſt facilement eſclave dans ſon Pays; ſi on l'y traitoit comme tel, il trouveroit des reſſources pour s'en relever, on ne voit pas même que les Indiens ayent généralement ſubis chez eux cette eſpèce d'eſclavage qui réduit l'homme à ſervir un maître comme font un bœuf, & un mulet.

Qu'on regarde les eſpèces de conquêtes plutôt comme une occupation des principaux poſtes du Pays, que comme une ſubjugation des habitants. On ſait d'ailleurs que les Romains furent plûtôt chaſſés des Gaules que les Gaulois ne furent vaincus par les Francs.

L'uſurpation eſt ingénieuſe quand le tems en a caché l'origine, de celui-ci elle a fabriqué tout ce beau Roman qui la rend légitime & dont je viens d'eſſayer de montrer l'abſurdité.

Le Droit Féodal n'eſt à tous égards qu'une uſurpation ſur la Royauté, il eſt vrai que dans l'origine des choſes preſque tout pouvoir eſt uſurpation ſi l'on veut l'examiner avec rigueur: la Royauté vient toujours d'un Contract entre le Roi & le Peuple.

Ce Contract eſt conditionel, il exige l'obſervation des Loix fondamentales qui ſont portées par le Contract même; mais en même tems, il donne lieu à y contrevenir; car il confère le pouvoir Légiſlatif & ſans la Légiſlation le Roi ne ſeroit rien. Ce pouvoir doit être réglé par le Droit de convenance, d'équité, & de raiſon qui eſt le premier des Droits. La raiſon & la convenance font changer les Loix d'abord pour l'intérêt du Peuple & enſuite pour celui des Souverains.

Le laps de tems a achevé de canoniſer

l'autorité Monarchique telle que nous la voyons dans la plupart des Souverainetés du monde, le tems & la preſcription, ſans leſquels tout ne ſeroit que diſputes & confuſion, ont fait le reſte : ainſi n'examinons plus l'autorité Souveraine par les plus anciens faits, tenons-nous-en aux établiſſemens que nous trouvons & reſpectons ce que nos pères viennent de reſpecter.

On trouve que l'autorité Monarchique pour être utile aux hommes veut être balancée mais non partagée, que juſqu'à ce que le cahos ſoit débrouillé, juſqu'à ce qu'elle ait renverſé tous les obſtacles de contradiction, elle ne s'occupe que de ſon Deſpotiſme & ne met pas encore ſa gloire dans le bonheur des Sujets, mais ſeulement à les aſſujettir pleinement ; ce qui la doit balancer c'eſt le conſeil de la raiſon, ce qui la doit aider,

c'eſt l'intérêt de ces Peuples , reconnu &
conduit par les Peuples , reglé & autoriſé
par la Puiſſance publique.

· Le Gouvernement Féodal ſi fort réclamé
par Mr. de Boulainvilliers & auquel il attribue toute la grandeur de Charlemagne é-
toit-il ce que nous venons de dire? dans ce
ſiſtême bizare de Gouvernement, la plus
grande autorité ſur la Nation étoit entre les
mains d'un certain nombre de principaux
uſurpateurs qui avoient ſous eux d'autres
uſurpateurs ſubalternes. Le degré & la qualité de ces uſurpations varioient à tous momens & comme chacun travaille mieux ſur
un petit objet que ſur un grand, nos Rois
avoient bien moins de pouvoir ſur leurs
grands Vaſſaux qui ſe mocquoient ſouvent de
la Majeſté du Trône , que les petits Seigneurs n'en avoient ſur les habitans & mê-

me fur la petite Nobleſſe de leurs terres; ils en violoient les femmes & prenoient les héritages impunément, & de ces rigueurs inhumaines ſont venus des Droits de fiefs ſi bizarres & qu'admirent nos ſtudieux Féodiſtes.

C'étoit donc préciſément la Loi du plus fort que le Droit Féodal dans ſon origine, rien de limité, jamais uniforme; eſt - ce là une bonne ſource? ſont-ce là des qualités dignes de le faire regretter, à moins que d'être poſſédé de ſa dignité de noble juſqu'à la folie?

Pourquoi parmi tant de Philoſophes Grecs qui ont écrit ſur la Politique pour l'approfondir, aucun ne s'eſt aviſé de propoſer Philoſophiquement des ſiſtêmes de Gouvernement conſiſtant dans l'autorité d'un certain nombre de Seigneurs ſubordonnés les uns aux autres par le Droit de leur naiſſance &

par la poffeffion de certaines terres.

Ces Philofophes, ces premiers inventaires des Loix, dans des tems où la vertu étoit en honneur & chez des Nations fi célébres par leurs exploits, ont toujours dit au contraire que pour le bonheur d'un Etat, il faloit maintenir l'égalité entre Citoyens autant qu'il fe pouvoit.

Licurgue commença fa Légiflation en partageant également les terres entre chaque habitant, afin qu'elles fuffent mieux cultivées & que l'émulation fe tournât plutôt à la vertu qu'à l'opulence.

Il eft vrai que la différence des talens en mettra toujours affez entre les fortunes, il y aura toujours des inégalités vicieufes ; mais il eft faux de dire qu'il foit à propos qu'il y en ait, & ce n'eft pas la feule occafion où les raifonnemens confondent le Droit

avec

avec le fait & prennent l'effet pour la caufe. Il y aura toujours des incendies, mais
on s'éfforce de les prévenir & de les arrêter
comme chofe mauvaife: de même feroit-il
à fouhaiter pour l'Etat qu'il ne paffât aux
enfans des hommes diftingués que de quoi
vivre noblement & fe diftinguer à leur tour;
non par les œuvres d'autrui, mais par les
leurs; toute grandeur, toute fortune innée eft
vicieufe par rapport à l'Etat & à l'homme
même qui s'en félicite mal-à-propos; il doit
voir la fin de fes talens & le commencement de fes ennuis.

Les récompenfes font dues aux actions &
les places à la capacité; voilà fans difficulté
ce que difent la raifon & la Juftice, fans
quoi toute Politique n'eft qu'extravagance.
Le pouvoir qu'on reçoit avec la naiffance ne
fe peut fupporter que dans la perfonne du

Souverain, car le Droit fucceffif héréditaire a toute une autre raifon dans ce cas privilégié que l'avantage des particuliers appellés à fuccéder. Comment les Politiques ont-ils pû jamais prononcer que le Droit de commander fouverainement aux hommes, pût tomber dans le Commerce & s'acquérir véritablement en époufant une Fille ? Le Droit fucceffif des Couronnes n'eft qu'une méthode adoptée univerfellement pour éviter les horribles inconvéniens du Droit d'élection. Dans un combat de principes tout Droit fe tourne au moins dangereux; c'eft ainfi que pour l'élection d'un Roi de Perfe, on convint d'obéir à celui dont le cheval feroit le premier henniffement : de même & pas autrement s'eft-on donné à celui qui naîtroit le premier d'un tel homme, ou d'une telle femme, & c'eft auffi par la même raifon,

que parmi les différentes règles du Droit fucceffif, on a préféré la plus précife à la plus
jufte, en déférant la Couronne aux Collaté-
raux du dernier décédé plutôt qu'à ceux ré-
préfentant les puifnés des premiers Rois.

Mais que le Droit héréditaire s'en tienne
là en. fait de commandement fur les hommes, que toute place qui n'eft pas affujettie
à l'élection n'arrive donc point par Droit de
raifonnement, on en connoît trop tous les
inconvéniens: les hommes fubordonnés aux
Loix n'ont pas.befoin d'éprouver en chaque
autorité l'imbécillité de l'enfance, la fougue
de l'adolefcence, la décrépitude de la vieil-
leffe & l'ignorance habituelle d'une fupériorité arrivée fans choix.

Dès que l'Etat eft pourvû d'un Roi, c'eft
à lui à pourvoir fon Etat d'hommes capables
de le feconder & par conféquent tout pou-

voir inné fous un Roi eſt vicieux & répro-
bable.

Dans les Républiques comme dans les Monarchies, la puiſſance publique eſt une. Tous
les fuffrages doivent ſe réunir à un, & c'eſt
de-là que partent les autres pouvoirs fubordonnés.

Cependant les Partiſans du Gouvernement
Féodal ont vanté avec emphaſe la belle choſe que c'étoit de voir notre Roi commander à une armée de Rois. Effectivement les
grands Vaſſaux s'étoient fait Souverains &
ceux-ci en avoient d'autres ſous eux juſqu'à
l'infini.

Ce n'étoit que confuſion & barbarie de
toute part, la violence eſt la ſuite de l'Anarchie, on en vint bientôt à ſe faire la Guerre ouvertement de fiefs à fiefs, & cela devint un Droit légitime de Guerres privées.

Les duels d'homme à homme furent encore mis en règle. On les rangea du nombre des Droits de la Nobleſſe & Mr. de Boullainvilliers Auteur Chrétien a été juſqu'à regretter les Guerres privées, peut-être avec le tems ſe fût-il réuni contre la défenſe des duels.

Mais le grand avantage, dit-on, du Gouvernement Féodal étoit la facilité qu'avoient nos Rois de lever de grandes Armées & de les faire ſubſiſter ſans charger les Peuples d'impôts : les premiers Vaſſaux amenoient leurs Sujets & obligeoient les arrières Vaſſaux à conduire les leurs.

Tous les Auteurs ont aſſez parlé de cette milice brave à la vérité ſelon le naturel de notre Nation, peut-être même plus vigoureuſe qu'aujourd'hui, dans ce tems-là où la nature étoit plus neuve & moins corrompue par la molleſſe.   I 3

Mais les Peuples n'en étoient que plus chargés par le tort qu'une violence autorisée faisoit aux terres & aux habitans qui n'avoient aucun appui où ils puſſent recourir.

Ces Armées étoient ſans diſcipline & il n'étoit pas poſſible de l'y introduire : mais nos voiſins n'étoient pas plus policés que nous. Ces troupes arrivoient tard & ſe ſéparoient de bonne heure : on ſait que, ſuivant l'uſage des fiefs, les Vaſſaux n'étoient obligés qu'à quarante jours de ſervice.

Dans le peu qu'il y avoit de règle ſur la Police des grands fiefs, il ſe commettoit une grande injuſtice quand l'arrière Vaſſal répondoit de la félonie de ſon Seigneur immédiat; car de quelque côté qu'il ſe tournât alors, il tomboit toujours en comiſe ſoit à l'égard du Suzerain premier & médiat, ſoit à l'égard du ſecond de qui il relevoit directement. On ne finiroit point fur les inconvéniens d'un tel Gouvernement. Mais la meillure preuve en eſt qu'on l'a quitté, qu'aucune Nation ne l'a chez elle, comme l'entend Mr. de Boulainvilliers; que ſi elle en a quelques portions, elle a lieu de s'en repentir & nous ne la verrons certainement jamais renaître.

CHAPITRE V.

Progrès de la Démocratie en France ſelon notre Hiſtoire.

ARTICLE I.

Commencement de la Monarchie.

ON ne ſauroit attribuer ni avancement, ni décadence aux travaux intérieurs d'une Nation barbare; la Guerre, la Chaſſe, le ſimple nécessaire de la vie firent toute l'occupation des Gaulois & de nos premiers François. La Guerre sur-tout a occupé tous les tems de la première Race: Guerres étrangères contre nos voisins; les frontières avancées, ou reculées, suivant l'habileté de nos Rois; Guerres civiles causées par les partages continuels de la Monarchie entre plusieurs frères; des actions féroces, peu de Rois Législateurs, voilà tout ce que nous présente notre Histoire.

ARTICLE II.

Seconde Race.

La seconde Race plus courte en durée eut à-peu-près les mêmes mœurs: il fallut une consistance de paix & même une étendue solide à la Monarchie pour connoître l'esprit de notre Gouvernement.

Les Nobles s'élevèrent fous des Rois foibles & fainéans & formèrent le Gouvernement Féodal dont je viens de parler, presque tout ce qui n'étoit pas de Noblesse, devint fon efclave.

Cependant fi l'on compare ces tems fi malheureux d'efclavage avec notre âge fi poli & fi orné par la raifon & par les arts, peut-être y trouvera-t-on encore plus de liberté qu'aujourd'hui parmi le Peuple : on n'avoit pas rafiné fur tous les moyens de lever des tributs : on n'oppofoit pas l'habitant à l'habitant pour accabler le fruit de fon labeur, non à proportion de fon profit, mais par une efpèce d'envie & par un promt furcroit de taxes qui l'engage à l'indigence & à la mal-propreté.

On n'auroit pas multiplié les Loix qui gênent les poffeffeurs dans la difpofition de leurs biens. On n'étoit pas accablé par la chicane: les villes n'étoient pas inondées de privilégiés & de tirans redoutables par leur crédit. La violence faifoit quelques maux paffagers, mais une fubtile dureté de cœur n'engendroit pas encore les vices que nous voyons, on connoiffoit peu, on fe paffoit de peu.

ARTICLE III.

Troifième Race, Louis le Jeune.

L'AMOUR des fciences & des arts augmenta infenfiblement parmi les François fous la troifième Race.

Louis le Jeune dans des circonftances favorables à cette entreprife rendit la liberté au Peuple par des Loix qui eurent de grands fuccès, on devint enfin le maître de choifir la profeffion qu'on voulut.

Avant cela il n'y avoit de libre que les gens d'épée & d'Eglife : les habitans des villes, bourgades & villages étoient plus ou moins efclaves.

Alors les villes n'étoient pas pavées, il n'y habitoit que des Prêtres & des ouvriers, tous les Nobles vivoient dans leurs terres.

Il y avoit des ferfs & des hommes de Poëtes, les ferfs étoient attachés à la glebe, on les vendoit avec le fonds. Ils ne pouvoient s'établir, ou marier ni changer de poffeffion fans la permiffion de leurs Seigneurs ; ce qu'ils gagnoient étoit pour lui, & fi le Seigneur fouffroit quelque nouvelle terre, le ferf lui rendoit une partie du profit, fur la convention qui fe faifoit auparavant.

Les hommes du Poëtes dependoient moins ; leurs Seigneurs n'étoient point maîtres de leurs vies ni de leurs biens, ils lui payoient feulement certains droits & étoient obligés à des corvées.

Les uns ni les autres ne faifoient point corps de Communauté, la Noblefle s'y oppofoit toujours, ils n'avoient ni Juges ni Loix, le Seigneur du lieu étoit la Loi & le Juge.

L'image de tous ces Droits eft encore dans le Royaume; mais la figure de cet ancien efclavage eft fort éloignée de fa rigueur & de fa réalité: voilà cependant comme de tout tems la tirannie s'eft apropriée les hommes fous prétexte de les gouverner.

Qui eût ofé avancer alors que ces Droits étoient déraifonnables, qu'ils faifoient tort au corps de l'Etat, qu'ils l'affoiblifloient, qu'il étoit fouhaitable de les abolir, qui eût annoncé que tôt ou tard, les progrès de la raifon humaine tendroient à ramener les Citoyens vers l'égalité? Que de cris contre un tel Prophête! la Nobleſſe ne l'auroit-elle pas traité d'ennemi de la Patrie? Ce fut cependant le fruit des Croiſades; les grands Seigneurs fort épuiſés par la dépenſe de ces dévotes folies, ainſi que par celui des tournois & des cours plénières, ſentirent le beſoin d'argent. Louis VII. leur favoriſa les moyens d'en avoir & ce moyen fût d'accorder aux villes & aux bourgs la faculté de ſe racheter pour de l'argent.

On ne dira pas que ce fut par un grand trait de Politique que ce Prince fit faire ce pas à la Démocratie ſur l'Ariſtocratie; mais la Monarchie fût-elle même ce qui lui étoit bon ſans l'avoir réduit en principe, parce que la Juſtice l'emporte tôt ou tard, qu'elle eſt le ſeul principe du véritable intérêt des hommes & que leurs propres paſſions y ramenent : l'on verra en effet quels fuccès fuivirent cet affranchiffement tant pour l'autorité Royale que pour la richeffe de l'Etat.

La dépendance des perfonnes ceffa donc & les Droits qui tomboient fur les hommes fe leverent fur les maifons & fur les fonds.

L'affranchiffement ne fut pas d'abord univerfel, mais en peu d'années, difent nos Hiftoriens, le bon effet s'en fit fentir tant pour les maîtres que pour les affranchis : tous donc fe rachetèrent & on fe mit à cultiver les terres avec un efprit de propriété qui répandoit dans le Royaume une abondance inconnue, ainfi les Seigneurs gagnèrent des fonds & des revenus.

Peu-à-peu les villes & les bourgs achetèrent les privilèges de choifir un maître & des Echevins & c'eft-là l'Epoque de la premiere Police de France.

Cette permiſſion d'avoir Echevinage étoit confirmée par le Roi, on ne manquoit pas de la lui demander quand on étoit bien conſeillé afin d'en jouïr avec plus de ſolidité, autrement il y auroit eu des grands Seigneurs qui l'auroient revendu pluſieurs fois.

Alors le Peuple devenu tout-à-fait libre demanda des Loix, chaque Seigneur en donna, chaque Communauté plus ou moins affranchie s'en donna à elle-même ; de-là nous vient cette multitude de coutumes qui ſont dans le Royaume.

Les nouveaux affranchis pour s'égaler aux Eccléſiaſtiques & aux Nobles voulurent auſſi être jugés par leurs Pairs ; on leur en donna donc de la même condition que les juſticiables & dans pluſieurs endroits ils ſe qualifioient de pères bourgeois.

On remarque que ce changement fut fort

avantageux au Royaume. Les Hiſtoriens contemporains dans le XIII & XIV. Siécle en
font des deſcriptions touchantes. Les villages,
diſent-ils, ſe multiplièrent, on ne vit plus
de terres incultes, le Payſan devenu maître
de ſon induſtrie ſe rendit fermier des terres
que ſon Seigneur négligeoit auparavant, il
prit à cens ou à champart celles qu'il avoit
ci-devant cultivées comme eſclave, les villes
devinrent plus peuplées, les habitans s'y a-
donnèrent aux arts & au Commerce. Juſ-
ques-là les François s'étoient peu mêlés du
négoce, tout ſe faiſoit par les étrangers qui
enlevoient ce qu'il y avoit d'or dans le Royaume, & y apportoient quelques curieuſes
bagatelles ſelon ce tems-là.

Cet abus commença alors de ceſſer, on
ſe mit à réfléchir ſur ſes intérêts, les réflexions ne ſont de ſaiſon que lorſqu'on eſt en

Liberté

liberté d'agir en conséquence. On s'adonna donc à la Navigation & au Commerce & on commença à fabriquer en France ce qui étoit le plus à portée de nos befoins : on vit par la fuite un Jacques Cœur fous Charles VI. & Charles VII. poufler l'habileté & le fuccès dans le Commerce auffi loin qu'aucune des Nations étrangères eût encore fait, les François vont rapidement dans tout ce qu'ils entreprennent ; ils n'ont à craindre que le relâchement qui fuit les plus grands fuccès, non par un véritable découragement, mais par laffitude de leurs propres idées.

Monfieur De Boulainvilliers a fait une peinture toute différente des fuites qu'eût l'affranchiffement des ferfs, il intitule cet Article *Défordre que caufa l'affranchiffement des ferfs*, & dans le détail il n'y trouve cependant d'autre défaftre que la diminution du crédit des Nobles, la réfiſtance des habitants à leurs Seigneurs, quelques procès que des roturiers oſèrent intenter à des Nobles, le recours qu'ils eurent inſolemment au Trône & par-là l'intervention des Rois dans les affaires entre les Nobles & les Payſans, déſordre, dit-il, qui eſt parvenu à l'excès où nous le voyons, & où nous le reſſentons.

Ce qu'il y a de plus juſte & de plus néceſſaire paroît injuſte à des yeux prévenus; d'un autre côté tous nos Hiſtoriens qui n'ont pas les mêmes raiſons de ſe prévenir font de longues énumérations des progrès du Gouvernement populaire en France & je ne fais que les copier ici: peut-être ces endroits de notre Hiſtoire ne font-ils pas aſſez connus ni aſſez remarqués.

Ils ajoutent en ſuivant l'ordre des tems, que par l'effet de cette même liberté rendue aux Peuples, les villes s'enrichirent & devinrent bientôt si puissantes que pour les faire contribuer avec moins de répugnance aux dépenses de l'Etat on commença à les appeller par Députés aux Assemblées générales; voilà l'origine du tiers Etat, qui certainement n'avoit pas été connu jusqu'alors dans les délibérations Nationales.

En 1304 les Députés des villes y entrèrent pour la première fois, & ce ne fut cette première fois que pour réprésenter leurs besoins & la restriction de leurs facultés.

Ce premier honneur couta cher au Peuple: on admit ensuite plus ou' moins de Députés selon les sommes dont les villes & les Communautés contribuèrent dans les nécessités publiques. Une admission ainsi répétée devint ordinaire & enfin de droit indispensable, & voilà bien de quoi faire crier Mr. De

Boulainvilliers fur l'infolence qu'eurent alors les roturiers de concourir avec les Seigneurs aux plus grandes délibérations & de ce qu'ils ne fe contentèrent pas d'y contribuer de leur argent.

Car bientôt après cela il n'y eut plus d'Etats généraux du Royaume fans le tiers Etat, & par la fuite les Députés étant très-nombreux, ils eurent autant & plus de pouvoir que ceux du Clergé & de la Noblefſe; ces deux Ordres ayant admis le troifième à avoir voix délibérative tout comme eux.

C'eſt véritablement à cette tolérance que commença l'Epoque de la grande chûte de la Noblefſe & du pouvoir Féodal en France; l'accroiſſement de l'autorité de nos Rois a fait le refte: ce qui nous prouve, quoiqu'on en dife, que la Démocratie eſt autant amie de la Monarchie que l'Ariſtocratie en eſt ennemie.

La profpérité du Peuple enrichit le Monarque, & il a toujours fallu à la Nobleffe quelque grande caufe de ruïne pour la porter à céder à l'autorité Royale & au bien commun du Royaume.

ARTICLE IV.

Charles VII.

S'il fallût comme nous l'avons dit fous Louis VII. les dépenfes des Croifades & les Cours plénières, il fallut fous Charles VII. les Guerres des Anglois pour continuer le premier abaiffement de la Nobleffe.

On fait que ces Guerres civiles mirent le Royaume à deux doigts de fa perte. Charles VII. eut bien de la peine à fe foutenir dans le commencement de fon Regne; mais il arrive toujours que de pareilles difficultés furmontées rendent enfuite la condition du

Prince meilleure qu'elle n'étoit avant l'orage.

Un Roi eſt conſidéré comme l'heureux conquérant de ſon Royaume quand il a terminé une révolte générale.

Auſſi Charles VII. devint-il plus abſolu que Charles V. ſon ayeul, quand il eut enfin chaſſé les Anglois & les Bourguignons.

Il arriva alors que le Clergé & la Nobleſſe ruinés par une Guerre civile qui duroit depuis longtems, lui laiſſèrent ſans réſiſtance changer tout ce qu'il voulut & plus d'uſage de la Monarchie.

Il abolit les Cours plénières qui ruinoient également le fiſc & la Nobleſſe; mais qui raſſemblant les Seigneurs tous les ans, les rendoient plus puiſſants dans les affaires de l'Etat, & plus autoriſés dans leurs terres quand ils y retournoient. Plus de tournois qui rappelloient les Guerres privées.

Les Miniſtres de Charles VII. profitèrent de l'accablement général & avec le beau prétexte de le réparer ils changèrent tout l'ordre des finances, de la Guerre & de la Juſtice ; ils attribuèrent tout au Roi & ils ôtèrent à la Nobleſſe l'uſage de cent privilèges attribués à leurs titres ; l'autorité Royale trouva bien mieux ſon compte avec les roturiers, dit Mezeray.

On devroit bien plutôt dire que c'eſt la fin du Regne de Charles VII. qui a mis nos Rois hors de page que celui de Louis XI. Celui-ci profita plus de l'effet de cette Epoque qu'il ne l'a opéré lui-même.

A R T I C L E V.

Louis XI.

Louis XI. alla bruſquement à la ſource des réſiſtances qu'il éprouvoit. Il eut à faire à de trop grands Seigneurs. De tous côtés les appanages des Princes du fang approchoient plus alors du Droit de Souveraineté que d'une fimple poffeffion domeniale & honorifique comme ils font aujourd'hui. Ainfi leur donner pour fubfifter la Normandie, ou la Guyenne, c'étoit faire revivre au milieu de la Monarchie autant de Souverainetés plus dangereufes que celles qu'on avoit éteintes depuis trois Siécles; cependant foit bonheur foit confeil Louis XI. furmonta tous fes Rivaux avec une adreffe peut-être un peu trop déliée pour un Roi François: il avoit trop montré fon deffein de regner arbitrairement, mais enfin il en vint à bout.

AR-

ARTICLE VI.

Charles VIII. Louis XII. François I.
& Henry II.

Sous les quatre Regnes qui fuivirent, les Guerres d'Italie & leurs fuites épuifèrent le Royaume d'hommes & d'argent.

Louis XII. marqua plus fa bonne volonté à fes Sujets qu'il ne la rendit efficace pour leur bonheur.

L'autorité Royale avoit fort étendu fes bornes, mais elles tenoient encore du moins à des formes extérieures de liberté qui achevent aujourd'hui d'expirer & dont toute l'extinction peut-être n'eft pas deftinée à nous faire grand bien ou grand mal. Les dernières affemblées des Etats généraux font en 1614 & 1615. Il y a eu depuis quelques affemblées de notables. On affembloit toujours les Etats généraux dans les grandes occafions & on ne les a plus vû depuis environ cent ans. A cette affemblée tumultueufe a fuccédé l'aigreur importune des Parlemens fédentaires qui montrent feulement aux Peuples qu'ils font efclaves fans diminuer en rien le poids de leurs chaînes.

Mais il réfulte de ces légères contradictions une manière de lever les fubfides la plus mi-férable qu'il y ait au monde; elle fe réduit véritablement à ce principe trivial de plumer la poule fans la faire crier: on négocie donc en Finance comme en Politique. Les Négo-ciateurs font nommés traitans, maltotiers ou donneurs d'avis. Cela a compofé une efpèce de nouvel ordre dans le Royaume, avec un favoir fort étendu & malheureufement trop écouté dans l'adminiftration intérieure. On

prétend que nos premiers financiers font venus d'Italie. Le voyage de Charles VIII. les
autres Guerres d'Italie & fur-tout Catherine
de Médicis remplirent le Gouvernement
François d'Italiens, dont on a pris la fou-
pleffe pour habileté.

Les premiers Traitans furent regardés du
Peuple comme de mauvais Chrétiens qui auroient embraffé le Judaïfme; à la fin on s'y
eft accoutumé jufqu'à y fuppofer de l'hon-
nêteté & à rechercher leur utile alliance.

ARTICLE VII.

Vénalité des charges.

Le premier fruit de cet art financier jufque-
là inconnu en France, fut la vénalité des
Offices & cela commença fous François I.

Il eft étonnant qu'on ait accordé une ap-
probation générale au livre intitulé *le Tefta-*

ment Politique du Cardinal de Richelieu, ouvrage de quelque pédant Eccléfiaftique & indigne du grand génie auquel on l'attribue, ne fut-ce que pour le Chapitre où on canonife la vénalité des charges; miférable invention qui a produit tout le mal qui eft à redreffer aujourd'hui & par où les moyens en font devenus fi pénibles; car il faudroit deux ou trois fois les revenus de l'Etat pour rembourfer feulement les principaux Officiers qui nuifent le plus.

Tout ce que j'ai dit du mal qu'a fait l'ufurpation des fiefs n'eft rien en comparaifon des mauvais effets de la vénalité des Offices; elle a empêché cet heureux progrès de la Démocratie que nous venons d'admirer fous les Regnes qui ont été exempts des Guerres civiles.

En s'étendant fous les Regnes qui ont fuivì François I. jufqu'à préfent, femblable à un principe de corruption qui infecte la maffe du fang, elle a détruit en France toute idée du Gouvernement populaire.

Qu'on ne dife plus que l'autorité Royale doit coopérer à la Démocratie qui lui eft fubordonnée; car on trouvera que ces deux autorités fouffrent également du même mal dans la vénalité des charges, ce qui prouve leur accord pour la Communauté d'intérêts.

Par-là le Roi a aliéné pour toujours la plus belle de fes prérogatives, qui eft le choix de fes Officiers.

L'hérédité tranfmet des pères aux enfans le pouvoir qu'il leur communique fous la condition d'un agrément prefque forcé. L'amovibilité de l'Officier qui ne pouffe pas la prévarication jufqu'à la groffièreté n'eft plus dans la main Royale, il faut lui faire fon

procès , & que ce procès foit inftruit & ju-
gé par la Compagnie dont eft l'accufé, &
l'intérêt de ces Compagnies s'eft placé davantage dans l'indépendance que dans le zèle
du bien public.

Par-là peu de fautes font punies , peu de
défauts font corrigés , quoique les délits de
ceux qui doivent l'exemple foient des cri-
mes par leur conféquence pour la Société.

Par-là on voit de tous côtés négligence
& infidélité dans la chofe publique , en un
mot tous les mauvais effets qui fuivent une
propriété mal acquife dans l'origine & dans
l'inftitution.

Voilà donc encore une efpèce de Gouvernement inconnu aux anciens & qui nous é-
toit réfervé en échange du monftrueux Gouvernement Féodal , celui-ci avoit du moins
une fource annoblie par le mérite des pre-

miers Auteurs; il ſe maintenoit par la violence ouverte qui ſupoſe toujours force &
courage ; il ſe ſoutenoit par une éducation
diſtinguée entre les autres Citoyens & il é-
levoit l'autorité des hommes plus ou moins
illuſtres par leur naiſſance.

La vénalité des charges a la plus baſſe de
toutes les origines, qui ſont l'avarice, l'argent & la cupidité. Qu'on ſe rappelle tout
ce que la Morale nous prêche contre le de-
ſir inſatiable des richeſſes & que l'on juge
de-là de ce que la vénalité doit influer ſur
les mœurs Françoiſes : ce n'étoit pas aſſez à
l'argent de procurer des commodités inſi-
nies, il eſt devenu aujourd'hui la voye de
tout honneur dans le monde.

Le Gouvernement Féodal ne perpétuoit
ſon uſurpation que dans les familles & la
plus part des ſuferainetés retournoient à la

Couronne après l'extinction des mâles ; mais par la vénalité tout s'achette ; l'étranger devient fuccefleur de l'Officier qui lui vend à prix d'argent ; les nouveaux riches apportent & joignent leurs nouvelles baffeffes au défaut de ceux qui fe dépouillent par befoin : l'aliénation d'autorité n'eft pas moindre dans cette efpèce de Gouvernement que dans le Féodal, quoique la poffeffion en ait l'air un peu plus précaire ; c'eft un orgueuil rampant qui a des fondemens peut-être plus folides que l'ufurpation forcée, car on ne fait par où l'attaquer, on y a intéreffé la conftitution du Royaume, l'unanimité, la liberté publique, les droits étroits de la Juftice.

Par cette opiniâtre aliénation des Offices tout fuffrage du Peuple dans fa caufe a été plus écarté que ci-devant ; car les intelligences qui veillent aujourd'hui à l'écarter ont

été

été multipliées à l'infini & se soutiennent réciproquement.

Le premier objet d'un Officier à titre patrimonial est d'attribuer à son Office tout le pouvoir & les prérogatives dont il est susceptible ; l'objet des fonctions ne vient qu'en sous-ordre & arrive rarement.

Cette aliénation de la puissance publique a de plus accoutumé insensiblement à toutes les injustices qu'on puisse exercer en matière de choix d'Officiers. On cesse d'être surpris de voir en place des gens qui n'ont aucune capacité, les survivances sont devenues de droit commun & tous les abus régnent également dans le peu de choix libres qui restent au Roi, comme dans ceux qui ne requièrent qu'un agrément de formalité.

La vénalité a commencé par les Magistratures de Justice dont il semble cependant que l'exercice eſt une eſpèce de ſacerdoce auſſi reſpectable & auſſi peu propre aux Pactes ſimoniaques que la jouïſſance des revenus Eccléſiaſtiques qu'on s'efforce avec tant de ſoins d'exempter de cette tache ; cet abus a paſſé de-là aux fonctions de Police, & enfin il s'eſt emparé de tout ſous Louis XIV. comme nous l'allons dire.

Ce progrès ſuivi dans un ordre auſſi peu raiſonné, prouve bien que ce ſont les mauvais conſeils & non la ſaine Politique qui ont toujours préſidé à l'établiſſement de la vénalité, quoiqu'en puiſſe dire l'Auteur du Teſtament Politique du Cardinal de Richelieu.

Ce progrès n'a pas été d'un pas égal, il s'eſt ralenti dans des tems; mais on ne voit pas qu'il ait jamais reculé, par la difficulté qu'il y a d'employer des fonds conſidérables

pour rembourfer des Officiers dans un Etat
affez obéré pour avoir recouru à un expé-
dient fi déteftable.

ARTICLE VIII.

Henri IV.

APRE's les Guerres d'Italie, vinrent en
France les Guerres civiles de Réligion. Il eft
à remarquer que pendant les Guerres étrangeres, il n'arrive de changement au Gouvernement que ceux qui font infpirés par le
befoin d'argent; l'autorité Royale y eft plus
Souveraine, elle chaffe le mauvais levain au
dehors, mais de tels avantages ne font que
des maux & non pas des remedes. Pendant
les Guerres civiles au contraire l'autorité
plie, mais l'Etat s'épuife moins & on n'en
fort que par quelque changement dans la
forme du Gouvernement, foit altération, foit

augmentation à l'autorité Royale.

Un Regne à jamais mémorable interrompit en France les troubles du Calvinifme, ce fut celui d'Henri IV. Les intentions & l'activité de ce Prince & de fon Confeil furent telles que des plus mauvaifes difpofitions on en tira de grandes chofes. Sans déraciner l'héréfie par violence, on la calma, on endormit fa voix finiftre. Sans aucun avantage marqué fur nos voifins, la France gouverna l'Europe, & fans renverfer la forme du Gouvernement, quelque imparfaite qu'elle fût alors, on y ramena promptement l'ordre & l'abondance ; tant chaque notion, tant chaque mefure du Miniftere étoit jufte & droite. Que n'eût pas produit un tel Regne dans des tems plus heureux, par exemple aujourd'hui, & dans un Gouvernement mieux conftitué !

L'Abbé de Marolles a fait des Mémoires,
où il dépeint naïvement le tems de fon jeune âge. En lifant l'endroit que je cite, on
croit voir l'âge d'or, & il eft vrai que s'il a
jamais exifté en France, c'eft fous Henri IV.

> .... *Quis talia fando*
> *Temperet a lacrimis!* .....

„ L'idée qui me refte de ces tems-là me
„ donne de la joye. Je revois en efprit la
„ beauté des Campagnes. Dès lors il me
„ femble qu'elles étoient plus fertiles qu'elles
„ n'ont été depuis, que les prairies étoient
„ plus verdoyantes qu'elles ne font à pré-
„ fent, que nos arbres avoient plus de fruits.
„ Il n'y avoit rien de fi doux que d'enten-
„ dre le ramage des oifeaux, le mugiffement
„ des bœufs, & les chanfons des Bergers. Le
„ bétail étoit mené fûrement aux champs &
„ les laboureurs verfoient les guérets pour y

,, jetter du bled que les leveurs de Tailles

,, & les gens de guerre n'avoient point ra-

,, vagés. Ils avoient leurs meubles & leurs

,, provifions néceffaires, ils couchoient dans

,, leur lit. On voyoit par-tout une propreté

,, bien-féante. L'éloignement du grand mon-

,, de n'abatoit point le cœur, & ne rendoit

,, point la Nobleffe plus groffière. On en-

,, tendoit des concerts de mufettes, de flu-

,, tes, de hautbois; la danfe ruftique duroit

,, jufqu'au foir; on ne fe plaignoit point

,, comme aujourd'hui des impofitions né-

,, ceffaires & exceffives, chacun payoit fa

,, taxe avec gayeté. Telle étoit la fin du

,, regne du bon Roi Henri IV. qui fût

,, auffi la fin de beaucoup de biens & le

,, commencement d'une infinité de maux,

,, quand une furie enragée ôta la vie au

,, Prince. ''

ARTICLE IX.

Louis XIII.

La France retomba bientôt en effet, fous la minorité & la longue foibleffe de Louis XIII, dans les troubles de l'Ariftocratie & de la Monarchie mal-entendue. On prétendit vaincre l'héréfie en troublant les confciences & par la force extérieure : les hérétiques crurent de leur côté s'affûrer la liberté de confcience, en fe révoltant contre le Souverain & en fe fervant des Tirans politiques qui fe mirent à leur tête, & n'apuyoient leur révolte que pour la faire durer. Une haine aveugle contre le Regne précédent, l'empire des Favoris & l'infatiable avidité des Grands épuifèrent bientôt l'épargne du fage Henri & toutes les reffources des finances.

Enfin un Favori mieux choifi que les autres répara ces défordres, & fi nous préten-
dions ici prodiguer fes louanges, nous pui-
ferions aifément dans l'abondante fource de
cette fpirituelle Académie qui le reconnoît
pour fon fondateur.

Richelieu travailla au dedans à calmer les
troubles dans leurs caufes, & au dehors, à
abaiffer les ennemis de l'équilibre Européen.

Ce qui calme les maux fans les guérir ne
s'appelle que palliatif; les véritables remèdes
vont à la racine du mal ; ainfi on ne doit
honorer du beau nom de pacificateurs , que
les génies politiques, qui, comme Richelieu,
attaquent les défordres dans leurs principes.
Au dedans il eut à rétablir l'autorité Monarchique ébranlée & affoiblie; au dehors il
eut à reftituer à la réputation de notre Couronne tout ce qui doit lui apartenir par

fon poids. Il lui faut attribuer tout l'honneur de ce que des Alliés puiffants & aigris firent pour ruiner la maifon d'Autriche.

Richelieu continuellement occupé de guerres eut affez de courage pour ne rien faire de contraire à la bonne œconomie; il foutint le fardeau habilement, mais il laiffa à d'autres Miniftres les foins meilleurs du Commerce & de l'abondance.

Il eft à remarquer ici que le peu d'autorité dont jouïffoient alors les Gouverneurs des Provinces & des places frontières, formoit une manière de Gouvernement aprochant de celui des grands Vaffaux fous Hugues-Capet.

Qu'on laiffe aller en France la foibleffe de la Monarchie fous certains Regnes qui ne viennent que trop fouvent, elle retourne toujours à fes mêmes vices: ufurpation par les gens puiffants, hérédité & attribution des

Droits régaliens. Les Gouverneurs dont je parle maîtrisoient les Peuples par les troupes qu'ils commandoient ; ils flattoient la Nobleffe en lui paffant la tirannie dans fes terres ; ils tiroient de l'argent du tiers Etat par crainte de violence, & du Clergé par fes befoins. Au milieu des hérétiques armés, ils étoient chargés de la fubfiftance des troupes de leurs départements, & fous ce prétexte ils s'enrichiffoient prodigieufement & étoient les maîtres de toutes les petites Armées qui étoient à leurs ordres.

Un Lesdiguières, un d'Epernon mécontents de la Cour alloient fe faire craindre dans leur Gouvernement.

On prétend que le Cardinal de Richelieu avoit fes projets tout médités & tout prêts quand il arriva au Miniftère. Tels furent principalement ceux d'abaiffer la maifon d'Au-

triche en lui attirant des ennemis qui mon-
traſſent que ſa puiſſance n'étoit que grandeur ſans force, d'extirper l'héréſie & d'a-
baiſſer la Nobleſſe en France. Si cela eſt
vrai, jamais il n'y eût de plus grand génie
au monde; car dans ces vaſtes opérations politiques, les moyens ne ſemblent naître ordinairement que de l'exécution même & de la
pratique.

Il avança beaucoup tous ſes deſſeins, mais
le Regne ſuivant entrant dans la même car-
rière, eſt parti des mêmes progrès & les
a pouſſés beaucoup plus loin.

A R T I C L E X.

Louis XIV.

Il ſemble même que Louis XIV. aidé de
Miniſtres habiles & hautains ne ſoit jamais
ſorti des vûes de Richelieu & qu'après les

avoir accomplies , il ait encore voulu paſſer le but, auſſi fécond dans ſes moyens que ſtériles dans les objets politiques qu'il auroit pû ſe propoſer.

On prétend donc qu'il ait chaſſé trop précipitament les Huguenots en révoquant l'Edit de Nantes & en exécutant trop violemment cette nouvelle Loi; d'autres ont aſſez dit quels maux cela a cauſé au Royaume.

Il a ôté l'Eſpagne & les Indes à la Maiſon d'Autriche & les ayant fait entrer dans ſa maiſon, il a attiré à la France une jalouſie univerſelle qui ſe renouvellera ſouvent & à chaque avantage qu'elle obtiendra de la fortune.

Il a ravalé les Grands juſqu'à leur ôter le courage & l'émulation de ſe diſtinguer.

La Nobleſſe eſt ruïnée juſqu'à ne pouvoir plus ſubſiſter que par des méſalliances, & autres démarches qui l'aviliffent.

Les Peuples font foumis au point de n'avoir pas la force de connoître où font leurs véritables intérêts, ils baifent les fers dont ils font enchaînés.

Ce qui fauva la France pendant les Guerres civiles de la minorité de Louis XIV appartient à la Politique. La grande foiblelle de la Monarchie d'Efpagne & les amis que Richelieu nous avoit lailfés en Allemagne empêcherent l'Empereur & le Roi Catholique de profiter de nos divifions ; nous fimes la célebre paix de Munfter, tandis que l'Angleterre elle-même étoit agitée de factions tragiques.

Ainfi nos troubles ne furent que paffagers, ils fufpendirent nos avantages au dehors & ne ruïnerent rien au dedans, l'autorité Royale reparut comme un foleil qui a écarté les tempêtes.

Elle fut portée par un Prince digne en tout de cet augufte caractère, dès qu'il parut lui-même, toute obéïflance devint efclavage ; les Sujets fe feroient dévoués devant fa préfence comme ceux du Vieux de la Montagne. L'autorité n'eut donc plus à travailler pour elle-même, mais feulement pour la gloire du Monarque & il ne s'agiffoit que de connoître parfaitement en quoi elle confifte.

Il difoit & tout fe faifoit. Il voulut les arts ; fon Regne devint celui d'Augufte ; lorfqu'il voulut conquérir, fes troupes étoient celles d'Alexandre ; quand il marqua faire cas de la vertu, il trouva des Jofeph, des Ariftides, des Emiles, dans des Colberts, Turenne & Catinat.

Je le repete, quand on critiquera fon Regne, qu'on s'en prenne aux vices & non à l'exécution.

Son idée de la gloire n'étoit pas aſſez rec-
tifiée par la Philoſophie, elle tenoit trop à
l'homme & au tems ; quoique ces tems ne
ſoient pas reculés , nous nous trouvons cependant avoir fait depuis de grands progrès,
univerſellement en morale & en politeſſe ;
quelques revers , y ont contribué.   On blâ-
me aujourd'hui des deſſeins qu'on admettoit
il y a 60 ans, tel que celui d'exciter l'Angleterre & la Hollande à s'entredéchirer pour
avoir le loiſir de conquérir la Flandre ſur l'Eſpagne , ou de châtier les Hollandois en les
noyant tous.   1665.

Sous Louis XIV. notre Gouvernement s'eſt 1672.
tout - à - fait arrangé ſur un nouveau ſiſtême
qui eſt la volonté abſolue des Miniſtres de
chaque département ; l'on a abrogé tout ce
qui partageoit cette autorité.

Les troupes étant ſoldées par le tréſor Royal, les Officiers recevant leur caractere & leurs ordres en droiture de la Cour, l'autorité des Gouverneurs de Provinces eft devenue à rien; ce titre ne couvre plus qu'un vain nom & fe réduit à une penfion tirée fur le tréfor Royal. Ainfi la Cour a pris toute la reffemblance de ce que le cœur eft dans le corps humain, tout y paffe & y repaffe plufieurs fois pour aller circuler aux extrémités du corps.

Les Confeils ne font encore qu'un pouvoir de nom; il n'y paffe que les plus chétifs objets de délibération & tout cet efprit eft véritablement celui de la Monarchie, promptitude, expédition, unanimité.

Le département qui a le plus gagné eft celui des Finances. Il n'y a à proprement parler que deux grands Minifteres en France, celui des affaires étrangeres & celui des Fi-

nan-

nances; à celui-ci fe font réunis toute Police générale , commerce , circulation d'argent , Banque & toute la fortune des Particuliers; ainfi .l'Hiftoire des progrès de la Monarchie en France dépend, depuis Mr. Colbert, de l'Hiftoire des Miniftres de la Finance.

La caufe de ces furprenantes attributions n'eft pas louable; on pourra dire que ce Monarque n'a fongé qu'à avoir de l'argent, puifqu'il n'a vû le bonheur de fes Sujets que par les yeux de fon grand Tréforier, & ce reproche n'eft malheureufement que trop fondé.

Mr. Colbert fe trouva affez grand pour fonger à la fois aux deux objets de fon Miniftere ; fes fucceffeurs n'ont pas donné la même étendue à leurs follicitudes.

Ses foins étoient donc partagés entre la prodigalité & l'œconomie. Il falloit beaucoup recouvrer pour beaucoup dépenfer & prévoir encore l'extraordinaire des dépenfes à tenir & améliorer le théâtre de tant de fcenes oppofées , il fournit à tout cela : ce qui doit le ranger véritablement au nombre des hommes extraordinaires.

Par les travaux de Colbert on établit & on perfectionna en peu de tems en France les arts qui étoient auparavant inconnus. Il découvrit aux François leur grand talent pour les beaux arts , ainfi que pour tout ce qui étoit du reffort du goût & des graces; nous y furpaffâmes bientôt les autres Nations : cette fupériorité nous en eft reftée, ce qui prouve bien qu'elle nous étoit aquife par la nature & qu'il ne s'agiffoit que de la mettre en valeur. Il encouragea le Commerce, il fut le Mecene des Belles-Lettres.

Mais tout cela appartient plutôt à l'ornement d'une Nation qu'à l'effence du Gou-

vernement dont je traite ici. Colbert chargé de lever beaucoup de deniers pour les
guerres & pour les bâtiments, trouva le fecret de ne choifir que les moyens de Finance les moins onéreux & qui décourageoient
le moins l'agriculture.

Par-là les richeffes apoitées du dehors,
l'Etat de la Cour & la gloire du Regne ré-
pandirent dans le Royaume un encourage-
ment qui approche des bienfaits de la liberté quoiqu'il ne foit pas fi profitable.

Louis XIV. vouloit de nouvelles fommes,
Colbert mettoit de nouveaux impôts & fe
faifoit haïr de la Populace. Les impôts por-
toient fur la confommation, ou fur l'ufage
des chofes de luxe. Il avoit des principes
fixes dont rien ne le faifoit départir autant
qu'on le laiffoit le maître. Sur la fin de fon
Miniftère les Courtifans perfuaderent au Roi

que les impôts faifoient crier & que les créations des rentes fur la ville faifoient plaifir
à tout le monde. .

Colbert repréfenta que ces nouvelles charges accableroient fans reffource le fifc & le
crédit Royal, & que tout l'argent deftiné
au Commerce s'y abforberoit; on lui réfifta,
on le voulut, & ce fut-là l'Epoque de la
mifere.

Sous fes fucceffeurs on profita du bon é-
tat où il avoit. mis le Royaume pour continuer les mêmes dépenfes, mais on le ruina
pas des moyens nouveaux & auffi mal-choi-
fis que les fiens étoient profonds & ménagés.

Les deux fucceffeurs de Colbert & fur-
tout le fecond, *amicus Plato*, *amicus Socra-
tes*, *fed magis amica falus patriæ*, bons courtifans & gens faits pour leur propre bon-

heur, ne chercherent qu'à fournir au Roi les fommes qu'il voulut par les voyes les plus promptes & les moins capables de leur attirer des plaintes.

Il faut fe rappeller fur cela ce que j'ai dit de François I. On pouffa fort toute la fcience financiere, & tout a fuivi le même train jufqu'à la paix générale. 1714.

Un homme fans expérience & fans efprit fuccéda à Mr. de Pontchartrain, il s'abandonna aux expédients les plus ruineux & les plus indécents.

Mr. Defmarets ne pût déployer fes talens que par une plus habile excroquerie que les autres & par une méthode plus impofante pour vaquer à ce qu'on appelle *fe ruiner a-vec ordre.*

Entre la Paix générale & la mort de Louis XIV. il fe préparoit des remedes aux maux du Royaume; la Régence, le fiftême & ce qui a fuccedé ont tout gâté davanta·ge, & n'ont travaillé à rien de fuivi. Le meilleur de ces derniers tems, (digne de faire encore mieux par la vertu qui y préfi·de) a été celui où l'on a le moins innové, & c'eft fans doute ce qui décrie fi fort tou·te innovation en bien comme en mal; mais pour fe décider là-deffus il faut confidérer deux chofes; tout va-t-il bien? le mal n'aug·mente-t-il point en avançant?

Qu'on faffe remonter cet examen à la mort de Mr. de Colbert, qu'on parcourre les états de Finances, qu'on compare le prix & l'abondance des denrées, qu'on entre dans le détail des fortunes particulieres, qu'on inter·roge les anciens fur l'état de la Campagne d'alors & qu'on le rapporte à celui-ci; on reviendra fans doute de cette mauvaife réfu·

tation aux plaintes de la mifère, en difant qu'on a toujours parlé de mifère.

On verra aifément la diminution de la culture, de la peuplade des beftiaux, des bâtimens de Campagne & de l'argent qui doit circuler dans les Provinces pour le Commerce intérieur.

On fe plaint fouvent par exemple dans les grandes terres, du trop grand nombre de métairies à y entretenir. Il faudroit s'imaginer qu'anciennement chacun vivoit dans fon bien & qu'y ayant alors beaucoup de riches habitans, il n'y avoit pas encore affez de bâtimens dans la Campagne ; nous montrerons par cette plainte que nous tombons dans un état de défertion, où les grands terrains deviennent à bon marché étant cultivés par peu de monde. Chacun fait la peine qu'on a aujourd'hui à trouver des fermiers , & qu'il n'y a plus ce qu'on appelle coqs de Paroiſſe.

On ſauroit par une bonne Hiſtoire des Finances, dont je ne voudrois que cette u-tilité & non de ſatisfaire une vaine curioſité & une ſtupide admiration , on ſauroit , dis-je, à quel point les tailles & le ſel ſont augmentés.

On deſcendroit dans le détail des vexa-tions pour le recouvrement d'une nouvelle taille bien pire que la premiere. On étudie-roit par quelle méthode s'impoſe la taille arbitraire, tarif des autres impoſitions & qui n'a d'autre proportion que la vengeance & l'envie, où la fatalité qu'il y a de deman-der à celui qui paye le mieux. On verroit par qu'elle monſtrueuſe Politique on joint les fonctions de Magiſtrat à celles de Financier ſur la tête du Collecteur, & on ſeroit effrayé

de voir que les contributions aux ennemis fe
levent avec autant de douceur & de charité
que le contingent, que le pere de la Patrie
exige, avec inhumanité.

Enfin on n'ignoreroit aucuns des moyens
que les Financiers ont exécutés pour tirer
de l'argent du Public, non par des voyes de
ménagement apparent, mais de ruine fondamentale pour la Nation, tels que les chan-
gements de monnoyes, l'illufion des faux bil-
lets de crédit, les doubles affignations, &
fur-tout les créations des charges & leur vénalité, dont j'ai tant parlé. Rien n'a été ou-
blié fous cette Époque & on fait que cela a
été pouffé jufqu'au ridicule excès qu'on eût
pû faire des armées de Confeillers du Roi.
On les a exemptés de tous impôts & le même fardeau ôté de deffus les épaules les plus
fortes a retombé fur les plus foibles.

M 5

Le Gouvernement vénal a donc été pouffé à l'extrême depuis la mort de Mr. de Colbert, toutes les Fonctions, tout fuffrage ont été ôtés aux gens du Peuple. C'eft par exemple un monftre indéfiniffable, qu'un Maire, ou un Echevin vénal Officier du Roi. Il doit être l'homme du Peuple, ou il n'eft rien.

CHAPITRE VI.

Difpofitions à étendre la Démocratie en France.

MALGRE' tout ce que je viens de dire on peut efpérer aujourd'hui plus que jamais la réforme falutaire dont il s'agit.

Le Regne n'eft plus ambitieux, conquérant ; l'Europe même ne renferme que de moindres ambitions comparées à celles qui ont caufé les dernieres révolutions: les mœurs en général ont acquis plus d'égards & d'humanité.

La Religion & l'honneur touchent à la vertu qui éloigne les paffions tumultueufes. Peut-être ne cherche-t-on encore le bien qu'avec foibleffe, mais il fe peut trouver par des voyes fi fimples qu'il fera embraffé, s'il n'eft pas faifi, & il s'accomplira par des moyens lents, mais fuivis. Chacun agit fuivant fes fins avec plus ou moins d'ardeur & d'habileté. Les fauffes démarches dont on s'étonne viennent du choix des faux objets dont on ne s'étonne jamais affez. Un homme parvenu depuis peu à un rang qui ne fembloit pas lui être deftiné, n'eft occupé que des honneurs dûs à ce rang, il en méconnoît les douceurs, il ne jouit pas, il acquiert encore.

L'autorité Defpotique a occupé ainfi prefque tous les Rois de la terre. Ils ont difputé entre eux à qui gouverneroit telle Province ; ils ont difputé avec leurs Sujets s'ils les
gouverneroient avec plus ou moins d'autorité, & ils n'ont pas encore commencé à les
gouverner ; mais quand l'autorité Royale,
femblable à un torrent qui inonde les Campagnes, a renverfé toutes les barrieres qui
s'oppofoient à fon paffage, alors elle remplit
fa deftination, elle s'occupe de la gloire que
nous infpire l'émulation de bien faire.

La France en eft là ; mais qu'on ne croye
pas qu'elle y foit depuis long tems, & peut-
être même que pour prononcer net, fi l'autorité de nos Rois eft bien affouvie, nous
avons encore à effuyer quelques regnes hautains & inquiets, quelques tentatives de conquêtes, quelques coups d'état pour achever

de renverſer tout ce qui nous reſte d'ombre de liberté, ou d'indépendance.

Un Monarque qui n'a plus à ſonger qu'à gouverner, gouverne toujours bien, car ſon intérêt eſt préciſément celui de l'Etat; il ne trouve que là ſa gloire & ſes plaiſirs, tout ce qui tient à l'amour propre eſt tout ce qui forme ſon bonheur. Il eſt bon par paſ-ſion.

Les Hiſtoires barbares nous montrent des traits ſinguliers de vertu chez les Princes, des ames fermes qui ſe ſont tournées au bien comme au mal, des Souverains abſolus qui vouloient ardemment le bien de leurs Sujets, l'exacte Juſtice, & des établiſſements d'une Police admirable, comme ſous le Regne d'un Jacob Almanzor; mais faute d'harmonie dans le Gouvernement & de principes dans les mœurs, bientôt une mort violente faiſoit

ſuccéder à ces moments heureux des Ré‑
gnes féroces & déraiſonnables.

Nous avons donc aujourd'hui pour nos eſ‑
pérances & Deſpotiſme & Politeſſe. Une
Monarchie n'arrive gueres au Deſpotiſme que
par l'Ariſtocratie; les Miniſtres & les grands
travaillant pour le Monarque croyent travail‑
ler pour eux-mêmes; ils abaiſſent le Peuple,
ils élevent le Trône, parce qu'ils y touchent
de prés & qu'ils dédaignent le vulgaire; mais
quand le Trône eſt affermi le Monarque ſe
trouve toujours plus ami de la Démocratie
qui lui eſt ſoumiſe, que de l'Ariſtocratie qui
l'offuſque.

Parmi les membres de l'Ariſtocratie il faut
compter tous gens riches; la richeſſe eſt une
diſtinction réelle chez toutes les Nations: on
ſait que la premiere dénomination des Grands
d'Eſpagne fût d'homme riche *Ricco Hombre*

& malheureufement plus les Nations fe poli-
cent plus elles reconnoiffent l'ufage & l'a-
vantage de l'opulence.

Si les Rois prennent ombrage des Grands
de leur état, ils en trouvent les mêmes rai-
fons contre les Citoyens trop riches. La con-
clufion de ceci chez les Turcs feroit qu'il
faut abatre des têtes fi hautes & fur-tout a-
proprier leurs dépouilles au fifc; mais chez
des gens raifonnables, cela doit raprocher de
la Démocratie qui ne tend qu'à l'égalité des
fortunes.

Le progrès de l'Ariftocratie doit toujours
être pris pour un figne certain de la foibleffe du Defpotifme & celui de la Démocratie
comme un grand effet de fa vigueur. Nous
croyons que fi l'on a jamais prouvé quelque
chofe par les faits, c'eft cette vérité dans le
Chapitre précédent. Si toutefois il eft arrivé

que François I. & Louis XIV. ont retardé la Démocratie par la vénalité; qu'on attribue cela à une cause toute étrangere à ma preuve. Ils voulurent tirer des sommes extraordinaires de leurs Peuples & ils eurent volontairement la foibleſſe de ſe ſervir de moyens détournés ; ainſi c'étoit plutôt par défaut d'autorité ſuffiſante que pour le bien même de leur autorité ; ce qui confirme encore ma propoſition.

Le premier pas contre l'Ariſtocratie, a été d'ôter d'entre les mains de la Nobleſſe un pouvoir de naiſſance & d'extraction attaché aux terres. On a admis enſuite parmi les Officiers Royaux des gens ſans naiſſance concurremment avec la Nobleſſe & dans les derniers tems, on affecta de préférer les roturiers aux Nobles pour tout ce qui participe au Gouvernement. Dans ce choix l'amovibi-

lité

lité se trouve insensiblement, car un homme de naissance tient à tout ce qu'il y a de grands comme lui; on le dépossede plus difficilement, on le corrige avec peine, on lui refuse moins de perpétuer ses places dans sa famille par des survivances.

La vénalité des Offices est le grand obstacle au dessein du Despotisme; mais tout tend aujourd'hui à s'en débarrasser peu-à-peu.

Qui ne voit pas qu'on crée aujourd'hui moins d'Offices que jamais & qu'on en va rembourser plusieurs? Au défaut des fonds nécessaires pour y avancer sérieusement on subtilise les vûes, la force se sert d'adresse à la vérité avec diminution d'équité. On ôte les fonctions aux titulaires, on les attribue à des Commissionnaires qui doublent le personnage de l'Officier. Les Ministres sont sans finances & amovibles, ils remplacent le Con-

nétable, l'Amiral, le Grand Maître ou le Sur-
intendant qui étoient ou qui subsistent encore en titres d'Office possédés par des grands
Seigneurs.

Les Intendants sont devenus les vrais Gouverneurs de Provinces. On envoye pour un
tems des Commandans passagers, tandis que
les Gouverneurs ne peuvent avoir de fonctions sans des lettres particulieres de Commandement ou la permission d'aller résider
dans leurs Gouvernemens.

Sous les Intendants on ne voit dans les
Provinces d'autorité qu'entre les mains des
Commissaires comme eux, les Subdélégués,
les Commissaires des Guerres, les Ingénieurs
pour les chemins, les Inspecteurs pour les
manufactures &c. Tout cela est amovible à
volonté.

Les Trésoriers de France ne se mêlent

plus des chemins & des ponts dont ils font
les voyers par leurs titres; tout le foin en
eft donné à des Infpecteurs momentanés.

Dans l'adminiftration de la Juftice, fonctions fi lâchement condamnées à la vénalité,
(Sa Majefté en a cependant excepté les premiers Préfidents & les Procureurs Généraux
des Cours fupérieures) on ne voit que Com-
miffions de Confeil. Le Confeil eft exempt
de la vénalité.

Les Brevets de retenue nouvellement in-
troduits ne font plus qu'une demi vénalité
qui témoigne encore que le Gouvernement
s'éloigne de la plénitude de l'abus & qu'il
s'en veut défaccoutumer infenfiblement. Le
Roi en a remboursé plufieurs depuis la paix
générale, & on peut prédire avec fûreté que
plus le Miniftere deviendra ferme & attentif
plus on avancera de ce côté-là.

Mais dira-t-on pour nommer aux Emplois amovibles & fans Finances, rétablira-t-on les élections, ou en laiſſera-t-on la collation à des gens de crédit qui en feroient eûx-mê-mes un commerce dangereux dont il eût autant valu que le Roi profitât?

On répondra que la pire de toutes les méthodes pour conférer des Emplois, eſt cel-le de les vendre à l'enchere comme on fait, ſoit du Roi à l'Officier, ſoit du titulaire à l'Officier; moins il y a de gratuit, plus l'a-liénation des fonctions eſt conſommée, plus elles vont en pure perte pour le Public.

L'Auteur du Teſtament Politique du Car-dinal de Richelieu dit que pendant les fac-tions de la Ligue, les Guiſes ſe ſervirent de leur crédit pour placer gratuitement leurs créatures dans tous les poſtes de l'Etat & que par-là ils s'ouvrirent le chemin aux grandes vûes qu'on a fû : il cite même fur cela l'autorité de Mr. de Sully à qui il en avoit entendu parler comme partifan de la vénalité, & voilà de quoi bien effrayer la Politique ombrageufe & timide.

Mais l'autorité de ces deux grands Miniftres eft ici alléguée fans preuve, & en tout cas elle ne feroit pas fans appel. Quiconque prendroit toutes les mefures pour former le Gouvernement dans un tems de faction, arrangeroit la Nation d'une façon bien abfurde. Toute autorité partagée, comme elle l'étoit du tems des Guifes, eft fujette à des inconvéniens fans remede. L'agrément néceffaire aux Charges vénales auroit feul fait le même effet que la récommandation pour y nommer. Tous les Emplois ne vacquent pas à la fois dans le tems d'une faction. Il s'enfuivroit donc qu'on doit craindre d'accorder

beaucoup d'autorité au Roi, fous le prétexte
que celui qui partageroit induement fon autorité, jouïroit de trop de pouvoir : ainfi la
conféquence de cette objection ne conduit à
rien moins qu'à l'Anarchie & à la foibleffe
fous prétexte des précautions pour les éviter.

Pour y répondre mieux, je propoferai
dans le Chapitre fuivant les principes & la
méthode qui femblent les meilleurs pour
nommer aux Emplois amovibles & fans finance.

L'extinction totale de la vénalité feroit
faire certainement un grand pas au bonheur
public. Cette réforme eft d'un befoin plus
ou moins preffant dans les différentes parties
du Gouvernement. La Finance par exemple,
le prix des Offices de maniement n'eft proprement qu'une caution, & au moindre cas
de dépofition, ou de dépoffeffion, on com-

met à l'exercice, ou l'on vend d'autorité la charge à un autre.

Dans l'adminiſtration de la Juſtice, la vénalité apporte de la lenteur dans l'Officier & quelque deſſein ſecret, inconnu peut-être à lui-même, de ſe récupérer par l'émolument & par les épices de l'intérêt de ſa finance.

Mais où il ſeroit plus preſſant d'en purger le Royaume, c'eſt en tout ce qui eſt chargé de la Police générale & particuliere d'où dépendent l'abondance, l'ordre & le Commerce. Ce ne ſeroit pas le tout de retrancher de cette partie de l'adminiſtration la propriété & l'hérédité, il ſeroit néceſſaire que les Officiers n'en fuſſent plus Royaux, mais municipaux & populaires, afin qu'ils puſſent agir ſous la protection & ſous l'autorité du Roi, mais pour les intérêts ſeuls du Peuple & pour que le Public fût admis autant qu'il fe peut dans le Gouvernement du Public.

En attendant le fruit de cette perfuafion, qu'on fe convainque bien que le manque de Police dans le Royaume & la mifere ne font que trop réels; certainement il ne peut que leur manquer d'être affez connus pour émouvoir.

Et à commencer par le Roi, plus on eft grand à la Cour, moins on fe perfuade quelle eft aujourd'hui la mifere de la Campagne; les Seigneurs des grandes terres en entendent bien parler quelquefois, mais leurs cœurs endurcis n'envifagent dans ce malheur que la diminution de leurs revénus. Ceux qui arrivent des Provinces, touchés de ce qu'ils ont vû, s'oublient bientôt par l'abondance & les délices de la Capitale.

Il nous faut des ames fermes & des cœurs

tendres pour perſévérer dans une pitié dont l'objet eſt abſent.

Cependant à force d'en entendre parler & depuis le Livre de Mr. de Vauban, les ſuffrages ſe raprochent pour ſe réunir. On voudroit donc diminuer cette miſere générale, mais ce qu'on y a fait juſqu'à préſent reſſemble au Conſeil des Rats. On expoſe à merveille les abus de la taille arbitraire, on propoſe de nouveaux ſiſtêmes, on les critique après quelques épreuves & puis on s'en tient-là.

Si quelques perſonnes tiennent encore pour cette horrible taille arbitraire par l'habitude d'une ancienne poſſeſſion devenue abuſive, & ſéduits par quelques ſophiſmes qu'ont dicté la dureté de cœur & l'orgueuil de la Nobleſſe, l'opulence du Financier &c. qu'ils conſiderent ſeulement que la France eſt le ſeul

Pays du monde, où les impofitions foient arbitraires.

Mais peu de gens reftent encore dans ce préjugé, & c'eft toujours beaucoup que le Gouvernement fonge férieufement à foulager la Campagne; il ne manque donc plus que des moyens & je vais en compofer.

Ne confeillons pas pour cela au Roi de defcendre de fon Trône pour aller avec une antique fimplicité parcourir fon Royaume & devenir le fpectateur de tant de maux en général & dans le détail; réfervons-lui ce voyage après le remede qu'il y aura fû appliquer, ou à mefure des progrès fucceffifs. Quelle plus grande volupté pourroit en effet lui être jamais réfervée que d'aller confidérer des villes & des Provinces, qu'il auroit rendu floriffantes, de voir les beaux arts rappellés dans des cités qui ne font aujourd'hui

que boue & que ruines, d'abandonner au feu
Roi son Bisayeul la gloire d'avoir construit
de superbes jardins autour de ses Palais, &
de jouïr de celle de n'avoir fait qu'un beau
jardin de toute la France, de se dire à soi-
même

> Par tout en ce moment on me bénit, on m'aime,
> Je vois par tout voler les cœurs à mon passage?

Certes voilà une espece de gloire de triom-
phe, où tous les hommes sont naturellement
portés & cette carriere ne nous est pas inconnue. On a souvent flaté certains Princes
d'être les délices du genre-humain: ce titre
ou l'effort seulement de le mériter, les a fait
plus vivre dans la mémoire des hommes,
que les plus célébres conquêtes. Mais à dire
vrai lequel s'est appliqué fort sérieusement à
l'obtenir? Tant que les artisans du bonheur
public seront tirés de la Cour pour sé-

conder les Rois, la moindre atteinte à leurs intérêts les rendra d'abord ennemis de ce qui y concourt, & cela va jufqu'à troubler leur raifon par la fauffe théorie qu'ils fe font des moyens.

Sous Louis XI. on fit une ligue & une guerre du bien Public; il ne s'y agiffoit d'autre chofe au fond que de rendre quelques grands Seigneurs plus puiffants & plus info-lents.

L'intérêt du fifc eft toujours bien conduit par les gens de Cour à qui on le confie; le Confeil & la force s'y réuniffent: mais pour celui du Peuple, qui réjaillit cependant fi fort fur le premier, il ne pourra jamais être connu ni foutenu que par le Peuple même.

On commence déjà à fe convaincre dans le monde que les richeffes du Roi dépendent de l'abondance où feront fes Sujets. On en cherche les moyens. On voudroit pouffer le Commerce ; on écoute avec attention les nouveaux projets de Finance qui préfentent des faces falutaires ; on fait des réglements de Police, mais peu réuffiffent faute d'exécuteurs de la Loi.

Pour exécuter ce que j'ai à propofer, il ne s'agit pas feulement que l'autorité Royale foit, comme elle eft aujourd'hui, à l'abri de toute infraction, il faut auffi qu'on en ait l'opinion & que l'on banniffe fur cela toute terreur panique & tout préjugé. On eft dejà revenu en France d'une infinité de préjugés de baffe jaloufie qui étoient attribués à l'autorité Royale.

On ne dit plus tant qu'autrefois que le Payfan doit être accablé d'impôts pour être foumis, qu'il faut appauvrir la Nobleffe pour la rendre docile.

On commence à raiſonner de Finance a-
vec plus de juſteſſe, & on eſt moins la du-
pe de la charlatanerie des Traitans. On ſent
par leurs effets la différence de la levée des
tailles & des droits affermés chaque année.
Le Conſeil ſent le beſoin qu'il y auroit de
diminuer les impoſitions dans le Royaume, &
au contraire à chaque bail des fermes générales , on voit naturellement augmenter le
prix du traité. Cela vient de ce que les le-
vées de la taille ſont régies par des Officiers
Royaux, au-lieu que la plupart des droits de
fermes ſont volontaires, portent ſur les con-
ſommations , ſont entrepris à forfait par des
gens qui ont leurs intérêts directs & perſon-
nels pour mobile. Ces droits affermés ayant
été mis en régie, il y a quelques années, on
a lieu de reconnoître toute la dureté & la
négligence de ceux qui régiſſent pour le Roi,

par comparaifon à l'exactitude de ceux qui régiffent en leur nom & pour leur compte.

L'autorité Royale fera toujours grand profit lorfqu'elle fe débarraffera des foins frivoles qui ne font que la commettre vainement, qui coûtent beaucoup au tréfor Royal & qui rendent peu.

J'ai déja parlé des difpofitions du Gouvernement préfent à l'égard de la Nobleffe : ce Corps étant le plus grand , on n'y foupçonne aucune origine populaire. Cet honneur par un fentiment intérieur approche de celui qu'on rend à la vertu ; mais à l'extérieur il eft fubordonné à l'éclat des richeffes, aux dignités qui font craindre & au mérite perfonnel qui fait refpecter, & ce font tous ces acceffoires qu'on nomme illuftration.

Le goût frivole des modes a pouffé encore l'homme à prodiguer ce bien qui foutient l'illuſtration, & c'eſt une grande infamie à la Cour que d'être ſeulement ſoupçonné d'épargner ; cependant il n'exiſte ici preſque aucun moyen à la Nobleſſe de s'épargner du bien quand elle l'a diſſipé , ſinon par des méſalliances , ou des actions indignes & qui devroient bien la déshonorer autrement que l'œconomie ſi mépriſée. Voilà comment les hommes ſont ordinairement peu d'accord avec eux-mêmes & comme ils ſe déshonorent pour s'honorer.

Mais une des choſes qui a le plus avili la Nobleſſe dans ces derniers tems , c'eſt d'être parvenue enfin à ſupporter deux claſſes ſeparées parmi elle , celle des gens titrés , ou de ceux qui s'établiſſent à la Cour par leurs charges & par leurs aſſiduités , & celle de la ſimple Nobleſſe qui va moins ordinairement à la Cour. Il a donc paſſé & il eſt

tout

tout reçû en France à préfent que les honneurs de la Guerre & les grades Militaires
doivent cheminer tout d'un autre train pour
ce qu'on nomme les Seigneurs que pour la
fimple Nobleffe, ce qui décourage les gens
de Guerre de profeffion, & nous donne de
mauvais Officiers généraux dans nos Armées.

Voici cependant à quoi fe réduit aujour-
d'hui toute l'Ariftocratie du Gouvernement
François & toute la part qu'y a la Nobleffe ;
le Commandement des Armées & le fervice Militaire. Les affaires de la Guerre ne
donnent qu'une autorité paffagere & qui fe
borne à la durée de chaque Campagne ; a-
joutez à cela un grand air d'importance, des
diftinctions brillantes, mais feulement extérieures, quelques charges à la Cour agréables par l'accès près de la perfonne du Prince, mais contrebalancées par la défiance que

les Miniftres lui donnent de fes courtifans, quelques graces lucratives & injuftes, l'occafion de nuire plûtôt que de fervir, une occupation continuelle d'intrigues d'argent & de vengeances, un vain éclat qui reluit au loin & qui ne foutient pas l'examen, un meilleur air & plus de goût dans les difcours & dans les modes, de grandes terres titrées & négligées, des dettes & des injuftices.

Toute l'autorité effentielle du Gouvernement a paffé entre les mains de l'heureufe Robe. Les fonctions des grands Officiers de la Couronne font à préfent confiées à des Bourgeois conftitués dans des dignités amovibles, fucceffeurs de ces Clercs fur qui les anciens Nobles fe repofoient de la peine de favoir lire & écrire & de demeurer dans les villes, tandis qu'eux alloient régner dans leurs fiefs. Ces hommes nouveaux accoutumés de jeuneſſe à toute la dureté de cœur néceſſaire pour diſpoſer froidement de la vie, des biens & de l'honneur des Citoyens, ſous les titres ignobles de Secrétaires & de Controlleurs, font trembler les fils de leurs anciens maîtres, ils les dégradent, ils les rebutent, & ils les envoyent à la mort pour des querelles que les Magiſtrats diſpoſent tranquillement dans leur Cabinet.

Mais cette inſtitution de la Robe deſtinée pour tout équivalent de la grandeur réelle à plus de fléxibilité & de travail, ſort inſenſiblement de l'Etat de modeſtie & d'amovibilité qui faiſoit ſon principal mérite, & elle retombe dans les mêmes abus, qui ont arraché le Gouvernement des mains de la Nobleſſe. L'hérédité s'accroît toujours dans les premieres Magiſtratures, les ſurvivances deviennent fréquentes même dans le Miniſtere, le déplacement s'exerce le moins dans les places qui le demanderoient d'avantage. Ceux qui s'y trouvent tombent dans une commode inaction & se font doubler par des subalternes, qui eux-mêmes trop considérés pour travailler, font faire leur ouvrage par d'autres Commis inférieurs.

Enfin l'on est tout accoutumé dans la Robe, comme dans la Noblesse, à distinguer en deux classes les familles des Jurisconsultes : on y défere des égards différents à autre chose qu'au mérite & selon les anciens services des peres, quoique leurs enfans ayent négligé de s'acquérir la même capacité.

Il faudroit donc bientôt inventer un troisieme ordre de gens qui travaillassent par eux-mêmes & qui ne fussent traités que selon leur réputation & leur mérite personnel.

Mais on connoît toutes ces vérités & cela

fuffit, le mal connu eft plus près du remede, il eft important qu'on fe fixe à des
principes qui ne varient point.

On a vû par expérience ce qu'ont gagné
l'autorité Royale & le bonheur public à la
fupreffion des grands fiefs & des Gouvernemens indépendants. De-là cependant font
partis de nouveaux abus qui reviennent dans
le même genre, mais moindres en eux-mêmes & plus faciles à corriger.

On reconnoît, on fent, on voudroit le
bien. Quand la paix ramene au loifir, on
cherche des perfections qu'on devine & qu'on
ne peut encore énoncer. Mille nouveaux réglements de Police & de Commerce établif-
fent les maximes de Démocratie que je demande, mais que la fuite dément par l'obftacle des préjugés & par des abus contraires à l'exécution. On ne les va pas chercher

dans leurs fources ; on charge par exemple tous les jours les Maires & Sindics des bourgs & villages des foins de Police & de Finance auxquels ils ne peuvent répondre, faute de liberté, d'autorifation, & de falaire.

Plufieurs frontieres de France font en même tems l'image & la démonftration de l'utile Gouvernement que je propofe ; on les connoît par la dénomination générale de Pays d'Etats : mais on remarquera que plus les affemblées font petites, mieux elles font gouvernées & hors des atteintes de la réfiftance, ou de la révolte. Tels font les Colleges de la Flandre maritime, les différents Pays le long des Pirénées & principalement les Communautés de Provence. Ces dernieres avec les vigneries fe gouvernent intérieurement avec fuccès, & s'affemblent une fois par an pour fe concerter & pour obéir aux demandes générales du Roi.

CHAPITRE VII.

ARTICLE I.

Magiſtrats populaires & Municipaux.

ON établira en France des Magiſtrats populaires à la tête de chaque Communauté, c'eſt-à-dire de chaque ville, bourg, ou village.

ARTICLE II.

*D'abord avec moins d'autorité que
par la ſuite.*

IL fera de la prudence du Gouvernement de ne perfectionner cet établiſſement que peu-à-peu, en n'étendant les fonctions & la plénitude d'autorité, qu'on ſe propoſe de donner à ces Magiſtrats, que ſelon les premiers ſuccès.

ARTICLE III.

Nombre des Officiers de chaque Magiſtrature.

Le nombre d'Officiers qui compoſeront chacune de ces Magiſtratures, ſera proportionné à la Communauté qu'ils gouverneront, mais ils ne pourront pas être en moindre nombre que cinq: ainſi lorſque les Paroiſſes, ou villages ſeront trop petits, on en réunira deux ou trois enſemble pour ne former qu'une Communauté.

ARTICLE IV.

Dans les grandes Villes.
Commiſſaires ſubdélégués par Quartiers.

Dans les grandes villes comme Paris, Lyon, Marſeille &c. les Hôtels de Ville délégueront d'autres Magiſtrats inférieurs & populaires ſous leurs ordres pour faire la Police avec fonction de Commiſſaires ſubdélégués dans chaque quartier.

ARTICLE V.

Autorité & fonctions de ces Magiſtrats.
Levée des impoſitions, ſuppreſſion
des Collecteurs.

Chaque Corps de Magiſtrature populaire aura dans ſon diſtrict, même pouvoir & mêmes fonctions qu'a l'aſſemblée des Etats d'u-

ne Province dans celles de France qui jouïſ-
ſoient de ce droit. En conſéquence ils repré-
ſenteront entierement la Communauté pour
tous ſes droits & intérêts; ils donneront au
Roi par forme de don gratuit les mêmes
ſommes que Sa Majeſté demande aujourd'hui
à titre de tailles & autres impoſitions nécef-
ſaires à la taille.

Les Magiſtrats n'impoſeront ſur la Communauté, que de la maniere qu'ils jugeront
la moins onéreuſe, & lorſqu'ils n'auront pas
payé ledit don gratuit au terme convenu,
es pourſuites & contraintes s'adreſſeront
contre lesdits Magiſtrats & non contre aucun Collecteur.

ARTICLE VI.

Cette Démocratie nullement dangereuse à la Monarchie.

L'autorité Royale devant augmenter en force & en solidité, au-lieu de souffrir diminution par l'établissement de cette Démocratie, il est nécessaire d'observer que ces différents districts feront d'une étendue inégale, d'où il arrivera souvent des jalousies entre les Communautés voisines, & que ces jalousies réciproques empêcheront l'union & les détourneront de machiner ensemble des résistances ou des rébellions aux volontés des Souverains; *divide & impera*, grande maxime du Monarchisme: que c'est par de semblables divisions & oppositions entre Régiments que Sa Majesté s'est rendue si absolue

& la maîtreſſe de ſes troupes nombreuſes, tandis que le Grand Seigneur à la Porte éprouve de fréquentes révoltes de la part du Corps des Janiſſaires qui n'eſt pas diviſé en troupes ſéparées.

On ſe plaignit encore du même effet dans les Armées Romaines, dont les Légions étoient trop fortes. Mais ce qui doit pleinement raſſurer l'autorité Royale & même l'augmenter dans le projet préſent ſur le pouvoir à confier aux Magiſtratures populaires, c'eſt la création & le renouvellement annuel & amovible desdits Magiſtrats, comme il ſera expliqué plus bas.

ARTICLE VII.

Les Magistrats populaires exclus de toutes Jurisdictions contentieuses. Qualités qui leur suffiront.

Les Magistrats feront chargés de toute Police & Finance dans l'étendue de leur Communauté, mais ils ne le feront d'aucune Justice contentieuse, provisoire ou Féodale, haute, moyenne ni basse; ces matieres devant toujours être portées comme de coutume par devant les Juges ordinaires Royaux, ou Seigneuriaux, lesquels font, ou doivent être élevés dans la connoissance des Loix; au-lieu qu'il suffira aux Magistrats populaires des lumieres naturelles soutenues d'un zele sincere pour le bien de leur Patrie.

ARTICLE VIII.

Affaires de Finance dont ils feront char-
gés. Deniers Royaux, Deniers publics.

L'ADMINISTRATION dont feront chargés lesdits Magiſtrats populaires conſiſtera en deux
Articles.

Premierement le don gratuit à payer à Sa
Majeſté pour tenir lieu des impoſitions arbitraires qui ſe lévent aujourd'hui.

Secondement les octrois & revenus patrimoniaux deſtinés à payer les charges, ouvrages publics, gages d'Officiers &c.

ARTICLE IX.

Augmentation des octrois pour les
Ouvrages publics.

SA Majeſté permettra par la ſuite que les

octrois des Communautés foient étendus &
augmentés autant qu'il fera convenable pour
avancer davantage la conftruction & la ré-
paration des ouvrages les plus utiles au Public, comme grands chemins, canaux, ponts,
rues & places publiques, maifons de Communautés &c.

ARTICLE X.

Impofitions que Sa Majefté a employées
jufques ici aux Ouvrages Publics.

SA Majefté fe déchargeant fur les Communautés de tous lesdits foins & dépenfes,
Elle leur remettra la levée & adminiftration
des fonds qui ont paffé jufques ici par fon
tréfor Royal pour cette deftination.

ARTICLE XI.

Conduite des Ouvrages Publics.

Tous ces Ouvrages feront conduits en détail par les Magiftrats populaires & feront toutefois affujettis aux projets généraux émanés du Confeil, ainfi qu'aux réglements généraux pour l'uniformité des Ouvrages publics, & foumis aux vifites, infpections & corrections des Grands Voyers & Ingénieurs de Sa Majefté.

ARTICLE XII.

Intéréts des Magiftrats populaires de s'en bien acquiter,

Nuls ne feront cenfés & réputés devoir mieux conduire le détail de toutes ces dépenfes pour le Public que ceux qui y font

le

le plus intéressés , comme seront les Chefs
de Communautés.

ARTICLE XIII.

Méthode pour les Impositions &
Recouvremens.

Et on réputera la même chose au sujet des
Impositions sur les Peuples, tant pour la méthode de la répartition que pour la poursuite
des recouvrements ; les Communautés elles-
mêmes dirigées par leurs Magistrats devant y
être toujours plus habiles & plus attentives
que les Receveurs des deniers Royaux, lesquels se sont montré jusques ici plus attachés
à leurs propres intérêts qu'au soulagement des
contribuables.

ARTICLE XIV.

Choix des méthodes pour l'Impofition.

Sa Majefté laiffera pendant plufieurs années aux Communautés de fon Royaume toute liberté pour choifir la méthode la plus avantageufe pour fournir le don gratuit tenant lieu de taille, & pour lever les fonds des deniers Publics; mais elle a deffein d'uniformifer par la fuite ces méthodes en adoptant celle qui aura plus de fuccès.

ARTICLE XV.

Indication des principes pour impofer les chofes contribuables.

Et on indique à préfent aux Communautés, que pour y parvenir, on doit confidérer les matieres contribuables en trois états différents, naiſſantes, exiſtantes & dépériſſantes.

Naiſſantes ; c'eſt dans le mouvement du Commerce & dans toutes les formes qu'on donne aux matieres premieres, après avoir excité la nature pour les produire ; alors il leur faut pleine exception de tous Droits.

Exiſtantes ; on peut lever quelques Droits légers ſur elles, ne fût-ce que pour avoir un dénombrement exact de tout ce qui compoſe le capital de l'Etat. Tels ſeroient les Droits de cadaſtre pour les terres, capitation pour les hommes, impôts ſur les beſtiaux, maiſons &c. mais tous ces Droits ſeront fort modiques.

Dépériſſantes ; on ne peut trop charger les choſes conſidérées dans cette ſituation ; c'eſt ce qu'on nomme Droit de conſommation. On peut lever ces Droits lors de la vente & de l'achat qui ſe fait chez les mar-

chands détailleurs pour confommer chez l'a-
cheteur. Il eſt juſte que celui qui confomme le plus pour ſon luxe paye le plus à l'E-
tat dont il diminue le capital; & les richeſſes les plus cachées ſe décélent tôt ou tard
par l'excès de confommation.

ARTICLE XVI.

Connoiſſance du produit des Impoſitions.

Les Magiſtrats Populaires & Municipaux
tiendront un Régiſtre du produit de tous ces
Droits, & le compte public qu'ils en rendront
à leurs Communautés, ſervira auſſi à Sa Majeſté à connoître le produit & le ſuccès de
ces Impoſitions.

ARTICLE XVII.

*Répartition des Impofitions entre le Roi
& les Communautés. Une feule
Levée & un feul compte.*

ON peut annoncer auffi que les vûes de Sa
Majefté font que par la fuite tous les revenus tant Royaux que pour le Public, fe ré-
duifent à une feule levée & à un feul compte ; Sa Majefté prenant trois quarts du produit de tous les Droits pour fubvenir au fardeau de l'Etat, & la Communauté le quart
pour les charges publiques du lieu; de façon
que la Communauté améliorant, & augmentant fes revenus & fes dépenfes, accroîtra à
proportion les revenus du Roi; augmentation
qui ne pourra être fujette à aucune fraude
par la publicité des comptes d'une Commu-

nauté, ou en affermant les Droits à forfait dans chaque Paroiffe.

ARTICLE XVIII.

Police attribuée aux Magiftrats Populaires.

Les Magiftrats Populaires & Municipaux feront chargés de toute Police générale & particuliere dans leur Diftrict.

ARTICLE XIX.

Motifs.

Sa Majefté a confidéré fur cela que nuls Officiers à prépofer à la Juftice & à la Police, ne peuvent y apporter autant de lumieres & d'application que ceux qui y font intéreffés pour leurs perfonnes & pour leurs biens. Ils fonderont leur autorité, & ils feront flattés parmi leurs Compatriotes d'avoir

fignalé leurs Magiftratures annuelles par les
meilleurs établiffemens.

ARTICLE XX.

*Motifs d'exclufion des Officiers Royaux
dans l'adminiftration de la Police.*

Par la même raifon Sa Majefté n'a pas
cru pouvoir compter fur le même travail de
la part des Officiers Royaux, même de ceux
qui fe font acquis le plus de réputation. Ces
Officiers accablés par une premiere finance
& par des fupplémens qui leur ont couté la
meilleure partie de leurs biens feront toujours
néceffairement trop pleins d'eux-mêmes, pour
n'être pas vuides des intérêts du Public. Ils
poffédent patrimonialement les fonctions &
les prérogatives de leurs offices, d'où il arrive que ce qui touche à leur propriété leur
eft plus à cœur que ce qui intéreffe le Pu-

blic. On ne peut attendre d'eux une certaine prévoyance, & la confiance leur manquant avec le pouvoir qui naît de la confiance, ils ne peuvent autant que des Magiſtrats populaires connoître & combiner les intérêts de leurs Citoyens diviſés à l'infini & les réunir dans la feule vûe du bien général.

ARTICLE XXI.

*Magiſtrats populaires chargés du Com-
merce & des Manufactures.*

Réglemens généraux & particuliers.

LES Magiſtrats Populaires & Municipaux établiront & conduiront les Manufactures de leurs diſtricts felon leurs vûes, & fuivant l'induſtrie des habitans. Ils les engageront à les perfectionner ; ils fuivront les réglemens généraux & dictés pour tout le Royaume, fauf cependant les nouveaux & particuliers Réglemens qui leur paroîtront utiles, mais qui ne pourront avoir lieu , s'ils font contraires aux premiers, & le Confeil pourra cependant les adopter par la fuite s'il en réfulte un bien connu univerfel.

ARTICLE XXII.

Réglemens généraux & particuliers pour la Police.

La même difpofition aura lieu pour tous les autres Réglemens de Police. Lesdits Magiftrats obligés de fe conformer aux Régle-mens anciens & généraux feront cependant admis à faire des repréfentations fur les ar-ticles nuifibles à leurs Communautés; ils pour-ront de même en propofer de nouveaux fans abus & fans déroger aux anciens. Par cette fage liberté, Sa Majefté doit s'attendre que les anciens Réglemens feront déformais auffi bien obfervés, qu'ils l'ont été peu jufqu'à préfent par le défaut de furveillance fuffifante. Sa Majefté doit efpérer également, que l'uniformité de Police dans le Royaume n'en fera aucunement altérée ; le foin de cette uniformité néceffaire devant être une des principales fonctions des Intendants.

ARTICLE XXIII.

Les Magiftrats natifs & domiciliés dans leurs Communautés.

Une des conditions fondamentales & irrévocables de ces Magiftratures Municipales, fera que chaque Officier, foit natif ou domicilié du lieu & y ait le fiege principal de fa fortune.

ARTICLE XXIV.

Leur renouvellement chaque année.
Conseillers - Penfionnaires.

Une autre condition également fondamentale, fera que les Magiftrats foient renouvellés exactement tous les ans; & pour remédier à l'ignorance indifpenfable des nouveaux Magiftrats en place, il y aura en chaque corps de Communauté un ou deux Confeillers - Penfionnaires à l'inftar de ceux de Hollande.

Ces Confeillers feront perpétuels & n'auront aucun pouvoir par eux-mêmes, ni voix délibérative ; ils feront feulement les dépofitaires des regles pour les repréfenter, & indiquer les derniers erremens de chaque affaire, principalement lors du renouvellement des Magiftrats annuels.

ARTICLE XXV.

Nulle innovation dans ce plan de Gou-
vernement. Différence des Magistrats
populaires qui subsistent aujourd'hui
& de ceux qu'on propose.

On doit observer qu'il n'est rien ici propo-
sé qui soit nouveau dans les usages du Royaume, puisqu'il y a par-tout des Hôtels de
Ville, des Maires & des Sindics dans les villages ; mais il arrive, ou que ceux des villes
sont érigés en Officiers vénaux & héréditaires, & sont par conséquent Officiers Royaux,
ou que ceux des bourgs & villages qualifiés
Sindics & Echevins, sont à peine connus
dans le lieu de leur Magistrature, & se trouvent dénués d'autorité & de rétribution pour
leur travail, quoique le Conseil leur adresse

souvent les ordres & les charges de la manutention des réglemens.

ARTICLE XXVI.

Assemblées communes des Paroisses voisines.

LES Magistrats de chaque Communauté
pourront s'assembler avec les Magistrats voisins pour concilier les intérêts communs des
Paroisses d'un certain Canton ; mais ces Assemblées auront toujours des délibérations
fixes & circonscrites ; elles seront précédées
de la permission de l'Intendant qui leur en-
verra une instruction sur leurs exposés & sans
retardement.

ARTICLE XXVII.

Division des Départemens. Intendants.

LE Royaume sera divisé en Départemens

moins étendus que ne le font aujourd'hui les Généralités, & on fuivra le befoin des affaires, les ufages différents, les mœurs & les rapports de fituation & de Commerce. A la tête de chaque Département, il y aura un Intendant de police & finance, qui fera le premier Officier Royal.

ARTICLE XXVIII.

Exclufion des Intendants fur les affaires contentieufes. Juges ordinaires & compétents.

L'INTENDANT ne fe mêlera en aucune façon des affaires contentieufes; les Cours fupérieures & autres Juges de leur reffort étant chargés de toute cette partie d'adminiftration, ainfi que leurs Chefs & Procureurs-généraux, pour correfpondre avec la Cour.

ARTICLE XXIX.

Distinction de l'autorité civile des Intendants & de l'autorité militaire des Commandants.

L'Intendant ne se mêlera pas davantage des affaires militaires, si ce n'est pour la subsistance & le payement des troupes; d'où il ne doit résulter aucune autorité sur elles. Pareillement les Officiers militaires ne se mêleront aucunement des affaires civiles de Police & de Finance. Les principes de séparation entre ces deux autorités différentes sont constants en France, depuis que les Gouverneurs de Provinces & de Places sont réduits à un titre utile, mais sans fonction, s'ils n'ont des lettres de Commandement avec résidence : un même Département ne peut avoir deux maîtres. L'autorité violente des armes n'eft utile au Prince que lorfqu'il juge à-propos de l'employer au dehors contre l'ennemi, & au dedans pour que force demeure à juftice. Mais quand les troupes réfident dans quelque Province en tems de paix foit pour une défenfe de précaution, foit pour la commodité des fubfiftances, alors leurs véritables Commandants font les Officiers du Corps : ils font ainfi Commandants dans les Provinces & non fur la Province, fi ce n'eft en Pays ennemi.

ARTICLE XXX.

Subdélégués, Receveurs des deniers Royaux.

Les Intendants auront fous eux plufieurs Subdélégués diftribués par départements, qui feront appellés Subdélégations ; ils feront

Offi-

Officiers Royaux. Les Intendants & Subdélégués feront les feuls Officiers Royaux pour la
police & la finance dans les Provinces ; à
quoi on peut ajouter les Receveurs des Finances, dont les fonctions feront fimples & faciles, n'ayant affaire qu'aux Communautés &
nullement aux Particuliers ; il leur fuffira de
bonnes cautions & de quelques Caiffiers pour
la facilité de leur recette dans les Départements les plus étendus.

ARTICLE XXXI.

*Infpection des Officiers Royaux. Leur
amovibilité & celle des Magiftrats.*

L'intention de Sa Majefté eft que dores-
navant les Intendants & Subdélégués fe re-
garderont plutôt comme Infpecteurs de toute
police & finance dans leur Département que
comme chargés de les conduire & de les ad-

miniſtrer. Ils verront faire & feront par eux-mêmes peu; mais leur autorité n'en ſera pas moins grande par la libre collation & la faculté de deſtituer à chaque faute & ſans figure de procès les Magiſtrats populaires: le principe étant certain que quiconque eſt maître de l'exiſtence d'un Officier, diſpoſe quand il le veut de tout le pouvoir de l'Officier; & tout ſera d'accord par cette eſpece de ſubordination: l'Officier Royal ne pourra pas plus abuſer de ſon autorité qui ne ſera que triennale, que l'Officier populaire de ſon pouvoir qui ſera annuel, l'amovibilité étant un remede ſûr à l'excès d'autorité, auſſi-bien qu'une ſource de confiance pour la conférer.

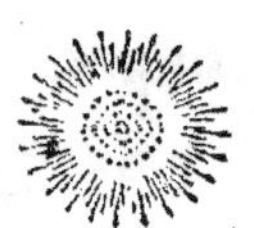

ARTICLE XXXII.

Résidence des Officiers Royaux. Leur représentation.

L'INTENDANT & les Officiers Royaux auront une résidence fixe chacun dans la ville la plus centrale de leur Département. Ils auront de bons & suffisants appointements pour fournir à la dépense de représentation convenable, mais enforte qu'ils n'excitent point par leur exemple la Noblesse au luxe & à la ruine.

ARTICLE XXXIII.

Supérieurs des Officiers Royaux.

ILS n'auront d'autres supérieurs que le Conseil & les Ministres; c'est-là où l'on portera les plaintes des décisions irrégulieres, mais nullement par la voye d'appel juridique; les

dits Officiers Royaux étant tenus de renvoyer aux Juges compétens toutes conteftations
réfpeétives entre plufieurs Parties.

ARTICLE XXXIV.

Ils feront triennaux.

LES Intendants & Subdélegués ne pourront
jamais être plus de trois ans dans le même
Département, & ce tems finiffant, il leur fera envoyé un fucceffeur, fans que fous quelque prétexte que ce puiffe être, on fe relâche
jamais fur cet article.

ARTICLE XXXV.

Projet de fubdivifion. Les Départements.

SA Majefté fe propofant de donner par la
fuite au Gouvernement de fon Royaume toutes les perfeétions dont il eft fufceptible, ju-
gera ça: le fuccès du préfent arrangement s'il

n'eſt pas plus à-propos de diviſer les différents Départements en plus petites parties,
non ſeulement afin de mettre en toute ſûreté l'autorité Royale ; mais principalement
pour multiplier les ſoins & les attentions; ré-
connoiſſant qu'un moindre territoire eſt toujours plus ſoigné qu'un grand, choſes égales
d'ailleurs: ainſi les Intendances pourront être
fixées au gouvernement de 200 Paroiſſes &
les ſubdélégations de 20. Sa Majeſté compte que l'augmentation de dépenſes pour ap-
pointer un plus grand nombre d'Officiers Royaux, ſe retrouvera aiſément ſur les heureux
progrès d'une meilleure adminiſtration.

ARTICLE XXXVI.

Grand nombre d'Intendants & de Sub-
délégués. Tems de leurs Départements.

Parmi un auſſi grand nombre de Sujets intelligens & appliqués que fournit le Royaume, & qu'il ne s'agit que de mettre en œuvre avec émulation pour les connoître, il s'en trouvera la quantité néceffaire pour remplir les poftes principaux que demande le préfent arrangement, foit dans les différentes Compagnies de Juftice, foit dans le refte de la Nobleffe, qui manque d'occupations & non de talents: & pour fubvenir aux fraix de déplacement qui arriveront tous les trois ans, Sa Majefté y accordera une gratification proportionnée. Ces déplacements feront rangés de façon que le renouvellement des Subdélégués n'arrivera qu'au milieu du tems de l'emploi de chaque Intendant.

ARTICLE XXXVII.

*Méthode pour choisir les Magistrats.
Scrutin & non élection. Récom-
mendation par voye de Scrutin.*

Une des principales fonctions des Intendants fera le renouvellement annuel des Magiftrats Municipaux & Populaires. Pour y
parvenir par la méthode la plus parfaite,
il faudra que la nomination de chaque Magiftrature foit indiquée à chaque Intendant
par Scrutin, ou élection; la Communauté éli-
fant les Sujets pour les propofer feulement,
mais de façon que les Electeurs ignorent à
qui concourt la pluralité des fuffrages. Par-
là l'Intendant & les Subdélégués nommeront
& confereront librement chaque place, après
avoir connu par le fuffrage des égaux & par

toutes les autres confirmations poſſibles quel eſt celui qui paroît le plus digne, & par-là on évitera ainſi également l'importunité de la partialité des ſollicitations, les cabales & l'ex-cès d'autorité que le droit d'élection donne au Peuple.

ARTICLE XXXVIII.

Raiſons de compter ſur de bons choix.

Il eſt à préſumer que nuls ne nommeront plus volontiers de bons Sujets & n'éviteront mieux les mauvais choix que les Intendants & les Subdélégués, chargés de répondre de la bonne adminiſtration de leur Province, où le travail des Magiſtrats fera éclater la leur, d'autant plus que les Collateurs ne devant reſter eux-mêmes que trois ans dans leur place, ils chercheront à y acquérir de la réputation pour paſſer à d'autres poſtes plus conſidérables, &

ils éviteront également les liaifons & les abus qui donnent lieu aux mauvais choix des Employés pendant un tems auffi court que celui de leurs charges.

ARTICLE XXXIX.

Méthode appliquable à tous les autres Emplois.

La même regle pourra être appliquée par la fuite à la nomination de tous les grands & petits emplois du Royaume, en faifant indiquer les Candidats par les égaux & par les prétendants mêmes, & fur cette indication tenue fecrette, en chargeant le fupérieur immédiat de les nommer, qui répondra des talents de l'Employé pour ces fonctions & pour fa propre réputation. C'eft ainfi que Sa Majefté nomme des Miniftres, ceux-ci les Intendants qui nomment & défignent leurs Sub-

délégués & ceux-ci les Magiſtrats Populaires;
& le même ordre doit ſe ſuivre dans toutes
les autres branches d'Emplois & d'Employés.

ARTICLE XL.

Objeƈtions de la mutinerie de la No-
bleſſe contre les Magiſtrats Populai-
res. Remede & conduite à l'avenir.

Comme on pourroit appréhender avant de
paſſer à l'épreuve du préſent réglement que
lesdits Corps de Magiſtratures Populaires dans
la Campagne ne vinſſent à avoir de vives
& de fréquentes diſcuſſions avec la Nobleſſe,
& ne réſiſtaſſent que difficilement à la puiſſance d'un Seigneur, ou à la brutalité d'un
Gentilhomme; il eſt néceſſaire de conſidérer
que les Magiſtrats agiront dans tout au nom
du Roi, d'où émane toute puiſſance publique, & qu'ils ſeront appuyés de toute l'au-

torité de Sa Majefté , l'Intendant devant compter ce foin & cette protection parmi fes plus importantes fonctions ; enforte qu'il fera prefcrit auxdits Intendants de ne regarder aucune faute fur cet article, comme indifférente ; ils s'attireront des ordres particuliers de la Cour, contre ceux qui fe diftingueront dans cette perturbation.   On fera marcher des troupes dans les Cantons, où un tel mal gagneroit le Corps de la Nobleffe, & quelques exemples rigoureux rangeront bientôt ce monde à la même opinion de refpect & de confiance envers lesdits Magiftrats , puifque l'opinion doit gouverner les hommes en tout.

ARTICLE XLI.

Autres raisons de préſumer que ces Magiſtrats ſe feront reſpecter.

LES Communautés voiſines ayant intérêt au reſpect dû aux Magiſtrats Populaires, entreront réciproquement dans les mêmes vûes & dans le détail des faits particuliers qui ſoutiennent l'autorité, bien éloignées de l'énerver par jalouſie. Inſenſiblement ces Magiſtrats, quoique payſans, ſe reſſentiront de leur caractere & en prendront le véritable eſprit qui éloigne cependant de la baſſe ſoumiſſion & de l'indolence, les Intendants étant de leur côté attentifs à réprimer également ces deux excès.

ARTICLE XLII.

Les Parlements exclus de toute Police & Finance.

Comme Sa Majesté laisse aux Parlements & Juges ordinaires, ainsi qu'il a été dit, toute justice contentieuse sur quelque matiere que ce soit, lesdits Parlements doivent trouver agréable par compensation qu'on leur retranche déformais tout ce qui regarde l'adminif-tration de la Police & de la Finance, puif-qu'il faut convenir d'ailleurs que tous ces Juges ne font que nuire au-lieu d'y fervir, fe croyant par-là les Chefs d'une nouvelle Arif-tocratie, & ayant pour eux-mêmes des inté-rêts particuliers & contraires au bien géné-ral. Il fera néceffaire fur cet article de fen-tir avec plus de délicateffe les oppofitions qui viendront du Parlement de Paris. Il se vantera sans doute de ses prérogatives & d'une ancienne possession, ainsi il faudra se conduire dans son ressort avec autant de prudence que de fermeté, laissant faire quelque chose au tems & s'attirant principalement les suffrages du Public en général par l'épreuve des premiers succès de cet établissement dans le Royaume.

ARTICLE XLIII.

Appel au Conseil.

Les Magistrats Municipaux & Populaires ne reconnoîtront dans toutes leurs fonctions d'autres supérieurs que le Conseil, sous l'inspection particuliere des Intendants & Subdélégués; & pour éviter au Conseil un travail nuisible par les recours au Roi, on observera qu'il y a une grande quantité d'affaires dont on peut laiſſer la ſouveraine déciſion aux Magiſtrats & aux Intendants, à l'exemple de celle qui eſt accordée aux Préſidiaux dans les Chefs de l'Edit: & de plus on diſtinguera en matiere d'appel au Conſeil, ce qui n'intéreſſe que les particuliers entre eux, & qui ſera toujours renvoyé aux Juges ordinaires dans les choſes qui intéreſſent le Public, ſoit en matiere de réglement ſoit pour les intérêts publics & locaux, ce qui ne pourra être mieux décidé que par les Magiſtrats & ne ſera porté au Conſeil ſinon en affaires majeures.

ARTICLE XLIV.

Affaires des Communautés portées devant les Juges ordinaires.

Suivant le même principe, les affaires de Communauté à Communauté & de Communauté à Nobleffe feront portées par devant les Juges ordinaires, ne s'y agiffant point de l'intérêt du Public en général. Néanmoins avant qu'une Communauté puiffe être engagée à plaider, il y faudra l'autorifation de l'Intendant, ceux-ci étant nés tuteurs & non les maîtres des Communautés; fur quoi il y a des Loix qui s'obfervent actuellement.

ARTICLE XLV.

Effai fur deux Généralités.

Avant d'établir les Magiftratures qui font ici propofées pour tout le Royaume, on en fera un effai complet fur quelques-unes des Généralités des plus à portée de la Cour, comme Soiffons & Alençon; & pour mieux connoître en même tems fur un plus grand théâtre tous les avantages du Gouvernement municipal par deffus celui des Officiers Royaux

yaux & héréditaires, on pourra essayer le même établissement sur la ville & Banlieue de Paris, y laissant toute direction exclusive de la Police & des Finances tant Royales que Municipales aux Magistrats de l'Hôtel de Ville de Paris après l'avoir composé du nombre suffisant d'Echevins suivant toutes les regles indiquées ci-dessus pour leur choix & renouvellement.

ARTICLE XLVI.

Démembrement de la place de l'Intendance générale de Police. Intendant de Paris.

Pour cet effet on supprimera l'Office de Lieutenant Général de Police de Paris & on en réunira les fonctions, savoir celle du contentieux ou Lieutenant civil & tout ce qui appartient à l'administration de la Police &

éxecution des ordres de la Cour, partie à un Intendant de la Ville & Banlieue qui y fera établi & partie au Prevoſt des Marchands & Echevins. Lesdits Officiers & Magiſtrats ne devant reſſortir que du Conſeil.

ARTICLE XLVII.

Diminution des fonſtions des Commiſſaires Subdélégués par Quartiers.

Il fera ôté également aux Commiſſaires au Châtelet de Paris toute fonſtion de Police, & il ne leur fera laiſſé que celles qui appartiennent à la Juſtice proviſoire, comme font réception de plaintes, réferés, aſſiſtances aux inventaires, confeſtions de procès verbaux &c. & les fonſtions de Police feront remiſes à des Echevins délégués dans chaque quartier, choiſis parmi les meilleurs bourgeois desdits quartiers renouvellés, chaque année & jouïſ-

fants de bons & fuffifants appointemens du-
rant leur exercice.

ARTICLE XLVIII.

Autres Charges de Police.

On fupprimera toutes autres Charges de Police fur les quays, ports, halles, &c. l'Hôtel de
Ville devant pourvoir à toutes ces fonctions
pour la plus grande utilité du Public; & il y
fera placé des Employés par commiffion, lefquels changeront toutes les femaines de pofte
pour éviter les abus & les fraudes.

ARTICLE XLIX.

Echevins, Confeillers-Penfionnaires.

Le nombre des Echevins de la Ville de
Paris fera proportionné à la grandeur & aux
affaires de cette Capitale. Ils feront choifis
fuivant les régles précédentes, renouvellés

toutes les années, amovibles de l'autorité de l'Intendant, récompenfés ou punis felon leur zele ou prévarication ; ils auront des apointements fuffifants & il y aura un Confeiller-Penfionnaire dudit Hôtel de Ville avec trois fubftituts pour être les dépofitaires des regles, ufages & derniers errements de chaque affaire.

A R T I C L E L.

Les Echevins ne feront jamais continués.

Il fera obfervé qu'il n'y a pas de plus grande preuve de l'excellence des Magiftrats amovibles, que quand ils ne briguent point d'être continués dans leur place par delà le terme ordinaire, & lorfqu'ils retournent volontiers à leurs propres affaires après s'en être détournés quelque tems par amour pour le Public : c'eft ce qu'on remarque aujourd'hui dans la plupart des Juges Confuls, dont on ne fauroit trop reconnoître l'utilité de l'établiſſement.

ARTICLE LI.

La Vénalité exclue.

Sa Majeſté promet que la vénalité ne fera jamais admiſe ni aucune propoſition écoutée là-deſſus, dans toute l'étendue du préſent arrangement; regardant cette condition comme une des plus conſtitutives & des plus eſſentielles au bon ordre, & conſidérant que depuis la vénalité des Emplois, les hommes ne ſemblent plus faits pour l'Etat, mais l'Etat pour les hommes.

ARTICLE LII. ET DERNIER.

Vûe sur les Pays d'états & Provinces conquises.

On laissera quant à présent subsister les Gouvernements des Pays d'Etats & des Provinces conquises sur le pied où il est actuellement par rapport à leurs Magistrats Populaires & Municipaux; leur condition approchant pour la plupart des principes qu'on se propose ici de suivre.

On ne travaillera donc que sur les Pays d'Election où le besoin de réformation est plus sensible; & s'il est jamais question de former le même établissement dans les Pays d'Etats, ce ne pourra être qu'après avoir pleinement reconnu les grands succès dudit établissement, & sur la demande même desdits Pays d'Etats pour entrer dans une uniformité avantageufe avec le refte du Royaume.

CHAPITRE VIII.

Effet. Objeƈtions. Conclufions.

ARTICLE I.

Effet.

On peut dire que par ce changement dans le Gouvernement, le Royaume changeroit de face. Un Roi digne de l'être écoutera les intérêts de fes Peuples & n'aura point d'autre organe pour les apprendre que leur voix même, & d'autre reffort que leur libre aƈtivité. Ce n'eft point par des largeffes onéreufes à l'épargne, qu'on gagne leurs cœurs. Les Empereurs Romains accoutumerent trop la Populace à des diftributions de pain, de viande & d'huile ; on la plonge par-là dans la fainéantife, ou bien on fe prépare des ré- voltes lorfqu'on ne fauroit plus fournir à ces énormes libéralités. Les plus finceres inten- tions ont plus fouvent fatisfait que les effets mêmes ; le Régne de Louis XII en eft un exemple : & quoiqu'il en arrive c'eft un grand talent pour gouverner que d'aimer vé- ritablement le bien Public.

La fcience Politique de l'intérieur des E- tats eft aujourd'hui dans fon enfance, puif- qu'on n'a prefque encore trouvé de moyens théoriques pour procurer l'abondance que ces deux termes vuides de fens & peu en- tendus par ceux qui en parlent le plus, *Cir- culation & Crédit*. Qu'on fe perfuade cepen- dant que ce font - là des effets & non des caufes d'abondance ; dans un Etat bien gou- verné, l'argent circulera toujours de refte :

mais de vouloir procurer une vaine circulation à l'argent & aux effets qui le répréfentent fans qu'elle provienne d'une confiance naturelle, d'un befoin d'affaires, ou d'un commerce, c'eft comme de donner la fiévre au fang pour l'animer. Telle feroit auffi la folie d'un petit Souverain, qui ayant remarqué que les rues d'une grande ville, font toujours remplies d'un Peuple innombrable qui va & qui vient pour fes affaires, croiroit que toute la force des villes confifte dans ce concours tumultueux & obligeroit fes Peuples par ordonnance à aller toujours par les chemins.

L'idée qu'on a du Crédit public, ou particulier, eft encore plus fauffe; le Crédit n'eft bon qu'à celui qui l'obtient. Le retard des payements dont les Banquiers profitent eft plûtôt un mal qu'un bien. Des Citoyens habiles & diligents tels qu'ils devroient être tous pour groſſir le capital de l'Etat trouvant chez eux confiance & juſtice ne laiſſeroient pas longtems leur argent oiſif, & quand on ne conſidérera le Crédit public que dans celui que les Commerçants obtiennent ſur les étrangers, on déſeſpérera de gagner jamais beaucoup à ce Crédit-là, puiſque nos Voiſins ſont auſſi commerçants & auſſi rangés que nous ſommes diſſipateurs & dérangés naturellement.

Que d'erreurs pernicieuſes, que de fauſſes conſéquences publiques & légales, que de ſyſtêmes ruineux ont cependant dérivé d'avoir fait conſiſter tout le bien de l'Etat dans ces deux prétendues cauſes, dont on ne devoit ſeulement pas s'embarraſſer pour bien faire ! Sans cette obſcure métaphyſique financiere qui déſole la France depuis le Miniſtere de Colbert, on auroit vû plus clair ſur l'état de nos Monnoyes, & ſur leur valeur numéraire & pondéraire ; on n'y auroit eu d'égard qu'à la foi des engagements antérieurs ; on n'y auroit pas alternativement préféré. l'intérêt des Débiteurs à celui des Créanciers.

On parlera toujours de rétablir les affaires ; on se plaindra du Gouvernement présent ; on frondera, on aspirera après de meilleurs tems ; on regretera le passé, & souvent tout l'éloge qu'on lui accorde, consiste dans la Critique du présent : mais par où sort-on des maux qui se font sentir ? qu'oppose-t-on aux abus généraux ? tout au plus quelques reglements particuliers qui ne vont qu'à de minces objets, dont on espere peu, & dont les doubles effets sont encore au dessous de l'attente.

Il faudroit donc essayer, comme je le propose, d'admettre davantage le Public dans

le Gouvernement du Public, & voir ce qui
en réfulteroit. Ces foins particuliers & multipliés doivent néceffairement rétablir les Finances par la voye la plus légitime & la
plus défirable, qui eft l'augmentation des richeffes du Souverain dans l'accroiffement de
celles de fes Sujets.

Qu'on parcoure toutes les différentes parties des Charges de l'Etat, & tous les foins
intérieurs dont le Miniftere s'eft chargé en
France ; l'on trouvera combien ils doivent
tous profpérer par ce reffort & fuccéder à
une négligence inféparable d'une trop grande
étendue de foins.

Les Ouvrages Publics, par exemple les
ponts, les chemins & leurs réparations, les
canaux qui multiplient les facilités du Commerce intérieur, comment tous ces objets peu-
vent-ils être conduits par une régie immé-

diate qui s'étend de la Capitale aux extrémités d'un si grand Royaume? Soutiendra-
t-on que dans cette direction nécessaire, l'u-
tile soit toujours préféré au superflu? Peut-
on combiner à chaque projet d'ouvrage les
premiers intérêts généraux avec les moindres
de chaque lieu? Est-il possible d'entrer de
loin dans les mêmes réparations, quoique es-
sentielles & sans lesquelles toutes ces dépenses ne servent au Public que dans leur premiere nouveauté? Quelle chimere que de
prétendre à une attention infatigable dont
seroit à peine capable l'intérêt local de chaque Département!

Au-lieu de ces impossibilités dans le bon
entretien des Ouvrages Publics, on concevra
que les Communautés libres d'agir, de pro-
jetter & de construire, saisiront en même
tems le besoin de chaque article & les mo-

yens d'exécuter à moins de fraix. Tout fera fous leurs mains, il ne leur faudra plus un arrêt du Conseil pour réparer un mauvais pas, ou reboucher un trou; ce qui menacera ruine fera prévenu. La France est peutêtre le feul des Etats Chrétiens, où la Police foit confiée à des Officiers Royaux qui ne répondent de rien aux Peuples, & qui infultent plûtôt qu'ils ne déferent à fes plaintes. C'est de quoi on s'apperçoit lorfqu'on voyage fur nos frontieres. Il est inutile de demander où finit le territoire de France; l'état des chemins & de tout ce qui est au Public en fait affez appercevoir : & comme tout est mode & tout est exemple chez notre Nation, il arrive que l'indolence des Chefs a infpiré aux particuliers la même indifférence fur les intérêts du Public; cela va jufqu'à l'éloignement. Un particulier qui dépenfera

50 mille écus auroit horreur d'employer deux piſtoles à réparer la Voye Publique par où on aborde chez lui. Le feu Duc de Lorraine Léopold en trois années de tems a fait raccommoder tous les chemins de ſon Etat; ils ſont devenus un modele de perfection en ce genre. Il en chargea les Communautés ſous l'inſpection & non ſous le commandement de ſes Ingénieurs. On commence en France à faire travailler à Corvée aux Ouvrages Publics; mais par une malheureuſe conſéquence de notre Gouvernement préſent, tout ce qui eſt deſtiné au bien Public ſe tourne en fléau. Ces Corvées ſont devenues une troiſieme taille dans la Campagne; elles ſe font ſous les ordres des Intendants, des Subdélégués, & autres Officiers Royaux. Des Ingénieurs conduiſent moins ces ouvriers qu'ils ne leur commandent comme à des eſ-

claves. On les arrache de leurs maifons &
à leurs travaux néceffaires; on les mene fort
loin de chez eux; on les y tient longtems;
on leur accorde pour toute fubfiftance la faveur de pouvoir manger leur pain aux heu-
res des repas; ceux qui s'exemptent fe ra-
chetent; ainfi tous les bas Officiers s'enrichif-
fent encore de cette mifere.

Rien n'eft exagéré dans ce récit. A tous
les nouveaux établiffements on trouvera les
mêmes obftacles, tant que les refforts du
Gouvernement ne feront pas changés, &
que par-tout le bien particulier fera domi-
nant fur celui du Public; & de-là réfultera
une ignorance inévitable des principes d'utilité
commune. Combien de fois les gens à leur
aife ont-ils répété qu'il faut des tailles arbitraires pour matter le Payfan, fans quoi il
tomberoit dans l'indolence & dans la révolte;

te; que les habitans de certaines Provinces (nota la Normandie qui paye 37. millions au Roi) ne travaillent beaucoup, que parce qu'ils ont beaucoup de tailles à payer? La même Politique n'eft ni plus profonde ni plus humaine.

Quand on raifonne fur quelque nouvel établiffement, on allégue pour unique motif l'augmentation des droits du Roi; tout eft abforbé dans ce point de vûe. A peine l'utilité publique eft-elle admife pour aller par-deffus le marché de l'objet final : maxime d'efclavage & d'ignorance. Plus cependant on confidere le Monarque rélativement à fes Sujets, plus il a l'air de l'homme du Peuple & non le Peuple d'être la chofe du Roi.

Sur des principes plus reçûs encore les deux objets fe trouvent remplis & ne fe contrarient jamais; la tyrannie difparoît & la

Paternité commence ; elle trouve fa gloire dans la bonne conduite de fa famille : voilà véritablement ce que le Monarque eft à fes Sujets.

Chaque article de Police & de dépenfe Royale a en France fes Chefs féparés réfidants dans la Capitale ; ils ont leurs Officiers généraux dans les Provinces. Cela forme autant de régies générales & diftinctes, reffemblantes à autant de Monarchies les unes fur les autres & dans le même lieu, & toutes fujettes aux mêmes inconvénients, infidélité & négligence.

Quand on a voulu remédier à la mendicité qui eft fi importune en France, on n'a jamais imaginé que des Hôpitaux-Généraux pour renfermer de gré ou de force tous les mendiants, & ces grandes maifons font encore deffervies comme tout ce qui appartient à la Monarchie, c'eſt-à-dire à grands fraix & à grands profits pour les Officiers adminiſtrateurs, tandis qu'on pourroit faire autrement à bien moins qu'il n'en coute en revenus abandonnés à ces maiſons. On pourroit renvoyer les mendiants dans les villages où ils ſont nés; on chargeroit chaque Communauté d'un certain nombre d'enfans trouvés; on aideroit par une modique penſion les incurables & les invalides.

Mais pour cela il faudroit que les villages ne fuſſent pas déſerts & que leurs habitants ne fuſſent pas eux-mêmes des mendiants.

Le travail que chacun fait de ſon côté eſt toujours moins pénible & moins conſidérable, mais il eſt mieux fait. Les travaux généraux ne s'exécutent que par des reſſorts énormes trop compoſés pour être parfaits, & ſujets au relâchement. Les conſéquences

de ce principe s'étendent bien loin en Politique ; on n'y réflechit pas affez ordinairement fur les forces de l'homme, fur fes pen-
chants & fur la néceffité d'écouter la nature.

Il eft certainement à défirer que les Provinces foient peuplées, que la politeffe y régne, que l'argent y circule. Le contraire
arrivera & augmentera, tant que la Capitale
ne fera que s'accroître chaque jour des dépouilles des Provinces.

Mais comme nous vivons dans le fiécle
des probabilités & des paradoxes, on foutient fouvent qu'il eft bon que les chofes
foient ainfi & que les Provinces ne foient
que pour fervir la Cour & pour orner la
Capitale. C'eft mettre en principe que les
obftructions font bonnes dans le corps humain : quand toute la fubftance & les humeurs s'amaffent dans une feule partie, il

arrive aux autres de fe deffécher & de périr.

Il en eft de même de notre Royaume, où il feroit fort à fouhaiter que les Nobles & les riches ne dédaignaffent plus le féjour des Provinces, qu'ils réfidaffent plus volontiers dans leurs terres & dans leurs villes voifines. Les moyens à y employer font de longue haleine; ils ne peuvent venir que du Gouvernement moral qui tend à déraciner peu-à-peu l'ambition à prix d'argent; & qui ne préfente plus dans les Emplois que des travaux avec moins de propriété & moins d'honneurs frivoles.

Et en attendant ce grand changement dans les mœurs de la Nation, multipliez davantage les Départements auffi-bien que les Emplois; vous en ferez autant de centres de dépenfe & de politeffe par où on relevera infiniment le féjour des Provinces.

Un autre avantage à tirer de la multiplication des Départements est d'affermer à chaque Communauté les revenus du Roi. Par-là il deviendroit fort difficile à d'autres qu'aux Miniftres des Finances de connoître au jufte le revenu de l'Etat, dont les forces font trop connues aujourd'hui des particuliers & des étrangers ; car il faudroit pour cela s'informer à chaque Paroiffe du Royaume, ou pour mieux dire au tréfor Royal, & tirer le calcul du total. Si l'on croit le myftere l'ame des affaires, en voilà un de plus & que l'on fe réferveroit tant qu'on voudroit.

Peu-à-peu les Chefs de chaque Département proposeroient des arrondiffemens de territoires par échange des enclaves, en fuivant les bornes qu'indique la nature, & rien n'apporteroit autant de commodité & d'ordre que cette nouvelle perfeétion. On y a fouvent fongé, mais toujours par la voye d'un travail général & fujet à mille inconvénients de tyrannies & de difcuffions ; au-lieu que tout s'applanit, dès que les hommes conférent librement fur leurs intérêts. Ce qui déplaifoit ci-devant vient alors s'offrir de foi-même.

Si la Démocratie étoit goûtée, on fentiroit par la fuite quel eft le bon ou le mauvais ufage de nos Loix, quels reglements font fuperflus, ou nuifibles, quelles regles favoriferoient mieux le grand nombre, & quelles ont été dictées dans leur origine par le plus petit, mais avec plus de crédit.

Toutes ces lumieres font cachées. Nous fentons des incommodités qui ne nous font pas expliquées, & nous nous entêtons pour nos maux. Un grand bruit de chaînes nous étourdit ; une vapeur nous offufque. Le féjour des villes eſt monſtrueux pour l'humanité ; des Campagnes déſertes, un Ciel de bois, un marché pour jardin & un jour artificiel ; les habitans y perdent de vûe tout eſprit de la Loi naturelle.

La Ville eſt le ſéjour des profanes humains :
Les Dieux habitent la Campagne.

Ce n'eſt en effèt que dans le ſéjour heureux & tranquille des Campagnes que l'on peut juger de l'accord des Loix de nature avec les Loix Politiques.

Si les Légiſlateurs s'y tranſportoient eux-mêmes, on reconnoîtroit bientôt que quantité de diſpoſitions légales pour les ſucceſſions & pour l'ordre des familles mêmes, n'ont jamais été ſuggérées que par l'avidité & par l'orgueil ; que bien éloignées de prévenir les conteſtations , elles les fomentent ; que la plupart des Droits de préciput engendrent l'envie & non l'émulation entre les freres; que tous les amas de biens, d'offices & de dignités ne vont qu'à préfenter au Public un héritier impertinent, & que les ftipulations profitables, fi requifes dans les mariages, font fondées fur l'avarice & en banniffent la confiance & la fubordination.

On réfléchiroît fur tout le mal qui réfulte des fupériorités territoriales ; fur le préjugé qui a fait multiplier ces fervitudes, au-lieu de s'efforcer à les reftreindre, depuis qu'on a adopté en France cette déteftable maxime du Chancelier Duprat, que nulle terre n'eft fans Seigneur.

On détefteroit ce nombre infini de charges foncieres & irrachetables qui accablent celle de toutes les manufactures qui eft la plus effentielle & devroit être la plus lucrative, c'eft-à-dire la culture des terres. Un

Fabriquant d'étoffes ne doit point de rente ſur ſon métier battant; un laboureur en paye ſur le ſien à pluſieurs maîtres.

Car les gens riches toujours fainéants par goût & par état n'ont cherché que la ſûreté dans la poſſeſſion des terres. Ils conviennent de la médiocrité du produit de leur capital dans l'emploi en fonds de terres; mais la prudence conſulte la ſolidité.

La ſubtilité des Miniſtres tyranniques a déconcerté les meſures priſes pour les autres natures de biens, & par-là elle fait de plus en plus recourir aux terres; & c'eſt ſans doute le plus grand des maux qu'ait produit en France le ſyſtême de Finance en 1720. Auparavant les riches habitans des villes commençoient à vendre leurs terres pour des rentes; mais ſous cette Epoque on a perdu la confiance qui faiſoit préférer le parchemin aux terres, & c'eſt pour longtems: d'ailleurs la vanité bourgeoiſe ſe nourrit mieux par les différents titres qu'attribuent les terres que par le produit clair des contrats. Quelques voyages qu'on fait dans ſes terres engagent à des dépenſes de luxe qui flattent & dé-ſennuyent ſous prétexte d'une œconomie mal-entendue. Nos Peres habitoient leurs domaines antiques & ſe contentoient de leurs maiſons ; nous ne les habitons plus & nous les ajuſtons avec une recherche ſuperflue.

Rien n'eſt ſi vrai que la plus grande charge que puiſſe avoir un champ ſera toujours celle de n'être pas cultivé par ſon propriétaire, & plus ce défaut ſe multiplie, plus l'effet en eſt miſérable.

Il arrive qu'un métayer rend à un fermier & celui-ci à un receveur général qui rend à un maître. Que de mains par où ſe partage le profit, & combien s'éloigne par-là cet efprit de propriété & cet œil de maître qui profite de tout, qui voit tout & qui fait tout fruētifier par un intérêt direēt & prochain ! Confidérez la différence de culture dans les vaſtes terres d'un grand Seigneur & dans l'étroit héritage d'un payſan ; cette différence va au moins à quatre pour un, & l'abondance générale dépend de-là.

Appliquez ce principe à l'exécution ; tirez-en toutes les conféquences ; convenez, ou difconvenez qu'il foit poffible à un Légiſlateur d'en faire ufage : ils n'en font pas moins vrais en eux-mêmes, & toute autre maxime fur cela n'eſt qu'illuſion ; il s'enfuit donc néceffairement de ces obfervations, qu'il feroit à fouhaiter que tous les Domaines de la Campagne ne fuffent poffedés que par ceux qui les peuvent cultiver eux-mêmes, & que tous les Domaines devroient être libres, exempts de tous droits & de toutes fervitu-des, comme ils étoient lors de leur premier défrichement par nos Peres; qu'ainfi tout le Royaume ne devroit être qu'un franc - aleu roturier.

Voilà certainement ce que réclameroit la Démocratie , fi elle étoit jamais admife juf-qu'à influer fur la réformation des Loix. Il ne faut rien diffimuler à la Noblefle & aux Seigneurs, & ils refteront fans doute les plus grands obftacles à tout établiffement ou ré-formation falutaire de cette efpece, non pour l'intérêt du Monarque , mais pour celui de quelques Citoyens plus accrédités que les autres.

Qu'ont befoin nos Rois de la fuzeraineté fur tous les fiefs avec une Souveraineté fi décidée fur leurs Sujets & qui emporte tout? Ils ont encore bien moins affaire de pofféder cette quantité de Domaines utiles, fi mal régis dans la main d'un puiffant Souverain.

Nos premiers Rois vivoient frugalement ; ils n'avoient pas entrepris alors de porter tout le fardeau de l'Etat comme aujourd'hui.

A quelle fin conferve-t-on précifément les titres domaniaux de la Couronne, fi ce n'eft contre l'ufurpation des Couronnes voifines ? Le meilleur titre eft la poffeffion & les feuls inftruments font nos armes, fi ce n'eft pour affurer l'état des particuliers. C'eft un dépôt Public, & ce n'eft plus un dépôt Royal : mais l'ufage reconnu de ces titres, confifte à nourrir une multitude d'Officiers Royaux, uniquement intéreffés à tourmenter les patrimoines voifins des Domaines de la Couronne ; recherches odieufes & formes tyranniques de procéder.

L'incendie de la Chambre des Comptes

arrivé à Paris en 1737. a été un des moindres malheurs de cette efpece, & par l'effet
nul des Sujets du Roi n'en a fouffert dom-
mage dans fes biens; plufieurs en gagneront
du bonheur & de la tranquilité.

Il feroit à fouhaiter que des Loix juftes &
hardies rendiffent la liberté aux biens, comme elles l'ont ôtée aux perfonnes. Le Roi
en devroit donner le premier exemple d'une
façon qui fût fans retour. On devroit auto-
rifer le rachat forcé de tous les Droits de
fuzeraineté, des devoirs rentés & du droit
de chaffe. On pourroit s'en affranchir par
des fommes offertes ou confignées, & le
prix en feroit réglé fur un pied qui indemni-
fât entierement le Seigneur. Nous difons
la même chofe du Roi.

Si la fuzeraineté eft inutile au Souverain,
à quoi fert la Nobleffe des terres à ceux qui

l'ont par leur naiſſance? le moins eſt donné dans le plus. D'ailleurs les terres nobles poſ-ſédées par des roturiers n'en doivent pas eſ-pérer les effets; cela ne produit qu'une taxe de francs-fiefs qui en déſigne aſſez toute l'ir-régularité & le déſordre.

Dans la propoſition de ces rachats forcés pour affranchir les terres, la Nobleſſe aujour-d'hui ſi dérangée trouveroit des ſommes d'argent qui la remettroient en meilleur état, comme il arriva après les Croiſades, quand on introduiſit la liberté générale des ſerfs & le Droit de Commune comme nous avons dit au Chapitre V.

L'exploitation libre des terres indiqueroit ſans doute mille autres objets de liberté que nous n'imaginons pas, & qui ne peuvent être peſés dans ce tumulte d'intérêts hautains & accrédités qui fondent aujourd'hui nos

Loix

Loix & qui ufurpent nos refpects.

Peut-être qu'en matiere de Bois & de Forêts on réformeroit une quantité de réglements de Police fur lefquels il faudroit appeller des principes aux effets. On trouveroit peut-être qu'il feroit plus à-propos, pour le bien du Royaume, de s'en rapporter entierement à l'adminiftration des peres de famille, au-lieu de les gêner dans leurs vûes; qu'il arriveroit que les particuliers au milieu d'une fage abondance entendroient mieux leurs intérêts que la Loi même & qu'ils préfereroient ordinairement la confervation à la deftruction.

Quand on dit que le Royaume manqueroit de bois, fonge-t-on que la navigation nous rapproche des pays incultes qui nous en offriroient toujours pour la marine & pour les autres charpentes, ou menuiferies; on pourvoira toujours au chauffage à quelque dégré que les villes & la Noblesse augmentent cette consommation; car on aura toujours pour l'agrément des héritages des bois & des avenues, & l'appas du profit engagera toujours à entretenir ce qui se vend bien. Mais la meilleure Police a été oubliée sur les bois; ce seroit d'obliger, puisqu'il faut contraindre, de couper les bois qui ont pris leur âge, qui ne profitent plus & que la terre nourrit inutilement à chaque séve. On commet en cela la même faute œconomique, que si l'on laissoit la moisson sur pied après le mois d'Août.

Par l'heureuse confiance qui naît de la liberté, le pere de famille préfereroit le profit solide d'améliorer ses terres, aux richesses casüelles du coffre fort ou du gros porte-feuille. Il placeroit son argent à chétel, au-lieu

d'en acheter des fiefs vains pour lui & nuifibles aux autres.

Aujourd'hui dans la conduite de nos manufactures, on écoute plutôt les intérêts du
public vendeur que du public acheteur, &
c'eft-là une des grandes fources du dépérif-
fement du Commerce ; car dans l'ordre Politique le profit de ceux qui fervent doit être
fubordonné au befoin de ceux qui demandent. On oblige par exemple les Citoyens &
fur-tout les plus pauvres à ne s'habiller que
d'étoffes du crû, plus mauvaifes, moins du-
rables & moins agréables que celles qu'il trouveroit ailleurs.

On croit avoir accompli toute œuvre politique & avoir avancé une maxime incontef-
table, quand on a répondu fur cela qu'il
faut occuper tant d'ouvriers dans les Provinces, qu'il faut fe paffer des Etrangers & em-

pêcher l'argent de fortir du Royaume.

Mais feroit-il impoffible d'établir que dans un Etat bien gouverné, on n'eft jamais embarraffé de l'occupation des habitans, & que la moiffon y eft toujours plus abondante que les Moiffonneurs ne font nombreux; que les ouvriers doivent toujours aller au plus utile afin d'augmenter toujours le Capital de l'Etat; que ce Capital augmente ou diminue, felon qu'on vend plus cher aux Etrangers les chofes de la même efpece qu'on tire d'eux à meilleur compte pour les confommer chez foi?

Le Commerce étranger ne fe foutiendra jamais que par des befoins réciproques. Jamais il n'ira mieux que quand toutes les portes feront ouvertes. A qui convient plus cette maxime qu'à la France où la nature & les arts fe difputent de fécondité, & où tous les Etrangers viennent puifer le bon air, malgré le goût d'obfcurité ruineux qui s'eft emparé de nos grands Seigneurs & qui devroit écarter d'abord les Voyageurs & les renvoyer dans des pays plus hofpitaliers.

Le calcul décide des profits, mais ce calcul veut être libre & foumis aux feuls intérêts. Si l'on tremble fur la fortie des denrées effentielles à la vie des hommes, dont la privation caufe des révoltes & dont le monopole eft réputé fi coupable; la queftion fe réduit fur cela à favoir fi nous manquons jamais d'air & fur-tout dans les endroits où il eft plus libre d'entrer & de fortir; toutes les précautions pour le conferver par artifice ne tendroient qu'à ôter la falubrité, Qu'on laiffe donc faire & il n'arrivera jamais de difette de bled dans un pays où les ports feront ouverts; les Etrangers par l'ap-

pas du gain préviendront nos befoins & feront par-là ouvrir les greniers des monopoleurs mieux que par les ordonnances & la
perquifition des Officiers de Police.

S'il s'agit des Loix fomptuaires, on trouvera après un leger examen du cœur de
l'homme, que ce qui défend la magnificence,
en rafine le goût, & irrite les defirs, pour
ne pas paroître plus petit que ceux qui doivent être exempts de la prohibition.

Si au contraire & par d'autres encourage-
mens qui fe contredifent fi fouvent en France, on prétend exciter au luxe pour foutenir
les arts, ne pourroit-on pas fubvenir à tout
en fe fixant à la maxime qui fuit & qui
paroît d'une grande élévation?

La magnificence devroit être réfervée aux
Ouvrages Publics, aux Temples, aux Palais
& à la Cour des Rois. Elle devroit être

bannie de chez tous les particuliers qui ne font chargés d'aucune repréfentation par état, & chez qui il ne devroit régner qu'œconomie, propreté & commodité. Par une diftinétion d'un fi bel ordre, les arts feroient mieux encouragés; ils ne feroient point livrés au caprice des gens riches & de mauvais goût, & par-là les mœurs qui valent bien les arts feroient perfeétionnées.

C'eft ce qu'on pratiquoit dans les bons tems de la Grece & de Rome, & c'eft ce qui nous a laiffé d'auffi nobles monumens de leur grandeur, qu'il en reftera peu dans l'avenir de notre fombre profufion.

En avançant cette maxime, j'ai fait une fatire contre le fiécle préfent qui pratique préciſément tout le contraire.

Si l'on réfléchit de fens froid fur l'état préfent de notre Commerce intérieur & fur le fruit de tous les foins & de toutes les vûes du Miniftere François pour le faire profpérer, on trouvera par l'événement, que nos Voifins ne nous prennent qu'à regret les chofes dont ils s'imaginent encore ne pouvoir fe paffer; mais que pour les marchandifes égales aux nôtres on recourt volontiers & par préféren-ce aux autres Nations. Il eft vrai que ce qu'on nous prend eft en grand nombre. L'i-mitation de notre luxe, notre extrême ré-putation en chofes frivoles & la ftupidité des modes forment tous les avantages de notre Commerce. Ce que nous prenons de leurs manufactures ne vient que du rafine-ment du goût de nos plus riches particuliers, fans que fur cela tout l'effort des Loix de Police ait encore apporté d'obftacle.

Les Fermiers des droits du Roi prennent à l'Etranger tous les tabacs qui fe confomment par leurs fermes, tandis qu'il en viendroit en France ſuffiſamment pour les gens moins riches & dans nos Colonies pour les autres, ſi on s'y appliquoit.

Notre Compagnie des Indes facilite l'entrée des marchandiſes étrangeres & la ſortie de notre argent ſous prétexte d'ôter quelque profit de Commerce aux Etrangers.

Les Anglois ne prennent nos vins que malgré eux & avec des droits preſque exceſſifs. Pour peu qu'on puiſſe uſer chez les Etrangers des fils de Portugal ou d'Italie, on les préfere aux nôtres, quoique ceux-ci ſoient meilleurs, & qu'ils duſſent être à meilleur marché. L'Eſpagne & bientôt le Levant rebuteront nos draps.

Nous avons, par le renverſement de toutes ſortes de principes, fixé nous-mêmes la quantité de draps que nous pouvons faire pour envoyer au Levant & le prix auquel on doit les y rendre ; ce fera l'Epoque de l'établiffement des fabriques de drap à Venife.

Nous avons avec les Hollandois des tarifs défavantageux. Ce petit Etat nous fait la loi, & nous devrions la lui faire fur-tout pour le Commerce du Nord, où notre réputation politique auroit dû depuis longtems nous accréditer au Commerce.

Voilà ce que font les feules lumieres des Grands & leur confeil qui n'écoute point les particuliers, ou plûtôt qui les empêche d'agir librement.

ARTICLE II.

Objections.

IL y a tant de gens qui difent que le mieux eft ennemi du bien, il faut les écouter ici.

Cette maxime vient de pareffe ou de la

perſuaſion où l'on eſt qu'il ne faut ſe défier au monde que de l'inquiétude ; mais le bien-être dont on veut ſe contenter doit être ſolide & exempt de ces vices intrinſeques qui l'altèrent & le détruiſent inſenſiblement.

Ceux que leur bien-être rend indifférents ſur les maux de l'Etat diront toujours que tout va bien en France, excepté quelques articles qui les touchent & qui ne font point le mal général : ils ſoutiendront par exemple que l'agriculture va bien, que tout eſt culti-vé, que rien n'eſt en friche.

Ils n'ont donc jamais obſervé les immen-ſes degrés de perfection qui réſultent de la négligence évitée & des ſoins multipliés. Ils n'ont pas remarqué quelle eſt la différence de la culture des environs d'une grande vil-le & ſur-tout d'une ville riche d'avec celle des miſérables Campagnes de l'intérieur du

Royaume, de ces Cantons éloignés de protection & défolés par les Receveurs & les
Employés aux maltôtes. Ils n'ont pas comparé, depuis qu'ils vivent, l'état ancien de
la Campagne avec l'état préfent ; les villes
devenues bourgs & les bourgs villages, les
villages hameaux, & ceux-ci tombés en
ruine ; par-tout des maifons qui tombent,
& aucune qu'on éleve ou qu'on releve ; les
habitans haves & défigurés ; des mendians
au-lieu d'habitans. Ils ne s'apperçoivent pas
que les beftiaux font reduits à la moitié de
ce qu'ils étoient il y a trente ans ; que ce
n'eft point faute de reglements ni de Police
fur les haras, fi l'on manque de chevaux en
France, & s'il faut s'en pourvoir chez les E-
trangers ; mais que c'eft manque d'aifance &
manque de gens qui en veulent & puiffent
élever, ou qui fe piquent d'émulation dans

leurs entreprifes: une autre mauvaife émulation en détourne, c'eſt la crainte d'un ſur-
croît injuſte de tailles, ou de capitation.

Les profits de la Campagne conſiſtent en
une perpétuelle circulation des animaux aux
terres & des terres aux animaux & aux
hommes: plus il y a d'habitans plus il y a
de bras pour porter & cultiver. Les beſoins
de ſubſiſtance animent au travail & le re-
doublent. Les beſtiaux ſe nourriſſant dans
les pâturages en forment de nouveaux par
leurs engrais & rendent les terres plus fertiles par leur fumier. C'eſt une erreur ordinaire d'attribuer aux environs des grandes
villes ou aux terres des Républiques, une
meilleure qualité naturelle qu'à celles des mi-
férables Provinces dont je parle. Comment
imagine - t - on cependant que la nature ait
deſtiné préciſément certaines terres aux lieux

qui devroient être un jour les plus riches &
les plus habiles? Les peuplades fe font faites
à l'avanture & non par choix. C'eft le travail, ce font les engrais qui font paroître
les terres fi fécondes; nul repos dans leurs
cultures , elles rapportent plufieurs fois par
an; on s'y avife heureufement de toutes les
nouvelles entreprifes. Le riche Citoyen d'une
ville voifine ne poffede pas un champ à la
Campagne pour en retirer le revenu exactement, mais pour l'améliorer de plus en plus;
tandis que dans nos vaftes & malheureufes
Provinces du dedans du Royaume tout eft
en repos, mais dans un repos forcé; on n'y
renouvelle rien, on fuit l'ancienne méthode
de cultiver, mais on la fuit de loin & avec
indolence.

Il faut fe purger de ce qu'on entend d'o-
dieux par-là. Le bon des Républiques re-

pugne-t-il à la Monarchie? s'il eſt impoſſible de les allier enſemble, il faut en détourner les deſirs; mais ſi le bonheur & l'abondance ſont conciliables avec l'amour & l'obéïſſance due au Roi; ſi les Rois eux-mêmes peuvent régner comme ſi leurs Sujets n'obéïſſoient qu'à des Loix & non pas à des hommes, pourquoi n'en étudieroit-on pas les véritables reſſorts là où ils ſont? Qu'on les y recherche donc, & l'on trouvera préciſément que tout ce qui fait le bon des Républiques augmente l'autorité Monarchique au-lieu de l'attaquer en rien.

On ſait que le droit eſſentiel de la puiſſance Publique qui réſide chez le Monarque eſt l'autorité Légiſlative. Le ſyſtême dont il s'agit ne la diminue en rien; on n'y verra aucun partage entre elle & l'autorité populaire: elle n'y eſt que ſoulagée par le choix d'une aide entierement précaire & dépendante. *Nimia precautio dolus*, à qui se livre à de sauffes délicatesses sur son propre pouvoir. Rien ne marque plus la petitesse que la vaine défiance, rien ne conduit davantage à la perte de l'autorité que d'en porter trop loin la jaloufie; la défiance est mere de la Tyrannie; le Roi ne peut-il régner sur des Citoyens sans dominer sur des esclaves?

On a pû mal raisonner en Politique, tant qu'on a été étourdi par les résistances, mais l'autorité Royale jouït maintenant d'une opinion légitime & naturelle chez tous les hommes; rien n'est plus solide que sa force, rien de plus infaillible que ses resforts; elle va toute seule, pour ainsi dire, dans tous les tems & sous tous les régnes; elle doit écarter les précautions inutiles; & assurée qu'elle

est

eſt du Gouvernement, elle ne doit plus ſonger qu'au bien de ce qui eſt à gouverner.

Parmi les précautions ſuperflues à l'autorité Monarchique, ne doit-on pas compter la force de la Nobleſſe ? On aſſure qu'elle ſoutient la Couronne ; mais beaucoup de raiſons diſent qu'elle l'ébranleroit plutôt que de la ſoutenir ſi on n'y apportoit des remedes.

Tout ſe réduit à ſavoir ſi un ordre ſéparé du reſte des Citoyens, plus près du Trône que le Peuple, ſouvent ſi près qu'il s'y avance ; ſi une grandeur de naiſſance, indépendante des graces du Prince, eſt plus ſoumiſe à l'autorité Royale que des Sujets égaux entre eux.

On dira que les principes du préſent Traité, favorables à la Démocratie, vont à la deſtruction de la Nobleſſe, & on ne ſe trompera pas ; ce n'eſt pas-là une objection, c'eſt

V

une confirmation de nos conféquences.

Jamais il n'arrivera certainement que l'é-
galité foit parfaite entre les Citoyens; la différence des talents en fournira toujours entre les fortunes, & les peres ayant la propriété de leurs enfans, ceux-ci fe reffenti-
ront toujours des travaux & des mérites de
leurs auteurs.

Mais on ne prend point les chofes ainfi
dans un Traité de Politique; on ne prend
point pour principe les faits ordinaires même
les plus indifpenfables; on définit ce qui doit
être & non ce qui eft, & ce n'eft point
aller en cela contre l'humanité, ni donner
dans les idées abftraites reprochées à Platon.

C'eft beaucoup de connoître la perfection
du principe; on diftingue le préjugé d'avec
l'abus & l'on tend à fe rapprocher du vrai
autant qu'il eft poffible, ou du moins à ne

pas s'en écarter volontairement.

On ne confond que trop tous les jours les intérêts de l'Etat avec ceux des particuliers. Il importoit beaucoup par exemple que la Souveraineté ne se partageât plus dans la famille Royale, comme sous la premiere & la seconde Race; mais pour la conservation de nos grands fiefs si vantés, que fait à l'Etat leur démembrement ou leur plénitude? On ose cependant soutenir encore dans notre Droit que la Majesté de la Couronne & la puissance de l'Etat en dépendent. On oublie que nous ne vivons plus sous le Gouvernement Féodal; que ce ne font plus les grands Vassaux qui grossissent les armées: mais il y a plus, c'est qu'on doit se persuader que le démembrement des grands fiefs est un bien précieux à l'Etat, ou tout ce que j'ai dit n'est qu'un long sophisme. La subdivision de

V 2

ces Majorats en remet dans le Commerce les différentes parties qui en étoient forties pour fatisfaire la vanité d'une feule famille, & fans qu'il en revienne aucun avantage à la fociété. La divifion des fiefs & des domaines donne vingt différents adminiftrateurs, qui font fuccéder l'abondance à la ftérilité ; l'intérêt public eft donc ici en oppofition avec celui d'une feule famille : que le Légiftateur choififfe après cela.

Je ne demande que de mettre à part le plus ftupide préjugé, pour convenir que deux chofes feroient principalement à fouhaiter pour le bien de l'Etat ; l'une que tous les Citoyens fuffent égaux entre eux, afin que chacun travaillât fuivant fes talents, & non par le caprice des autres ; l'autre que chacun fût fils de fes œuvres & de fes mérites : toute juftice y feroit accomplie & l'Etat feroit mieux fervi.

Convenons que les Nobles reſſemblent beaucoup à ce que les frélons ſont aux ruches.

La nobleſſe , la fortune & les richeſſes , qu'on reçoit par ſa naiſſance, jettent l'homme dans une indolence néceſſaire , dès ces premiers momens où l'émulation charme ordinairement le courage de la jeuneſſe. Sa grandeur aſſurée eſt le premier des dangereux myſteres qui pénetre un enfant , & a-lors toute éducation n'eſt plus que charlatanerie. Par - là lui ſont retranchés tous les prix que l'Etat propoſe aux ſervices. On jouït injuſtement de ce que d'autres ont mérité , & cette injuſtice exclud ceux qui mériteroient par eux - mêmes.

La pratique de cet abus ſe comprend par le fait & la violence ; mais comment en tolere - t - on le principe, quand la Morale &

la Politique y font auffi groffierement violées?

La raifon devroit nous venger des paffions, ou au moins voir plus clair que les
fens, cependant les préventions générales
prouvent le contraire. On eft anciennement
préocupé qu'une fupériorité injufte fur les
autres Citoyens, & quelques bonnes actions
émanées de cette fupériorité l'ont légitimée;
tel eft ce qu'on penfe de la Nobleffe.

Mais, dira-t-on, fi tous ces principes contre la Nobleffe font vrais, quelle conféquence en tirera-t-on? Faudroit-il abolir un ordre fi fameux? cherchera-t-on une égalité
abfolue & Platonicienne? non certainement.
Je dis bien à la vérité qu'on doit chercher
cette égalité; mais on n'y parviendra jamais.

Par ces efforts vers l'égalité on multi-
pliera moins le nombre des Nobles, autant
que l'on traverfera l'excès des richeffes. On

abolira fur-tout l'indigne entrée dans le corps des Nobles qui fe donne par finance. On ne fera paffer les charges des peres aux enfans que quand toute autre récompenfe fera épuifée pour les peres.

Quand nous avons des guerres juftes à foutenir, on ne difputera point à la Noblef-fe d'extraction une valeur par état plus fine & plus folide que chez les autres Nations.

Si on examinoit bien rigoureufement les caufes de la Nobleffe, peut-être n'y trouve-roit-on que celle par où un chacun excelle dans un métier qui exclud les autres profef-fions. Cette caufe déplaît; elle fuppofe que tout homme qui eût changé une profeffion ignoble pour un exercice relevé, y eût réuffi également de quelque fang & de quelque ordre qu'il fût forti. Il eft vrai cependant que toute autre profeffion que celle des armes eft interdite à notre Nobleſſe ; que ſon talent eſt inſpiré par les exemples de famille, fomenté par l'éducation, & forcé par une eſpece de néceſſité de ne pas dégénérer.

Que la Nobleſſe Françoiſe ne regrette point dans l'exécution de ce ſyſtême une Ariſtocratie qu'elle croit être favorable à notre Nation ; il n'eſt queſtion que d'extirper une Satrapie roturiere & odieuſe qui augmente chaque jour les maux, en pervertiſſant nos mœurs.

Pluſieurs perſonnes qui ne raiſonnent que partialement, & ſur-tout ceux de la Nobleſſe, concevront d'abord du chagrin contre l'Auteur, & diront pour toute réfutation que c'eſt un Ecrivain ſans doute de la lie du Peuple qui s'eſt indigné contre une élévation qui lui fait envie ; mais qu'on ne s'embarraſſe pas de cela, il a l'honneur d'être Gentilhomme.

ARTICLE III.
Conclusions.

CE qui mérite ici un plus févere examen, ce font les inconvénients qu'on diroit pouvoir en réfulter à l'égard de l'autorité du Monarque. On ne doit jamais rien hazarder fur cette matiere; ainfi rien n'eft plus à recommander que d'effayer avant toutes chofes ce Syftême de Gouvernement intérieur dans quelque Canton du Royaume. Qu'on n'y oublie rien de ce qui en contrebalance les objeétions & les inconvénients & qu'on le rejette s'il n'arrive pas tout ce qui eft annoncé, qui eft une grande augmentation au-lieu d'une diminution à l'autorité Royale.

Comment un homme feul en gouverne-t-il 20 millions d'autres? C'eft par l'opinion: elle vient de l'expérience, du fentiment, de la raifon, & fur-tout de l'ufage. Voilà les feu-les forces de la puiffance Publique; elles en fourniffent de réelles contre les parties qui voudroient fe féparer de tout ce qu'on trou-vera dans tout ce Syftême, l'opinion de ref-pect, de crainte, de grandeur & les bienfaits du Monarque.

On y trouvera à l'égard du Public une nouvelle fource de connoiffances de fes moindres intérêts, & un germe de mouve-ment toujours renouvellé par l'objet même & incapable d'être détourné par les intérêts particuliers qui en font les véritables en-nemis.

A l'égard du choix des Sujets pour l'ad-miniftration, qu'on me donne feulement des bons-cœurs & des efprits droits, il me fem-ble que je menerois le monde.

Les Romains, grands modeles de force &

d'habileté dans le Gouvernement, ne tiroient des Provinces conquifes que des tributs, les laiffant au refte fe gouverner par elles-mêmes & par leurs loix. Ils leur envoyoient feulement chaque année un Préteur pour adminiftrer la Juftice & commander les troupes, & un Quefteur pour faire payer les Droits. C'eft ainfi que fut arrangée la Sicile à la fin de la premiere guerre Punique, quand elle fut réduite en Province Romaine; Ciceron la compare à la premiere métairie qu'eût acquis la République : & c'eft ainfi que l'on adminiftre habilement fes terres en les affermant; mais non en les faifant valoir par foi-même.

On peut promettre aux hommes que leur raifon fera des progrès; la fociété & la communication nous en font garants; les effets en font fenfibles, & cet établiffement &

ces principes auront lieu un jour.

On cherche à remédier à cette inexprimable pauvreté des Provinces, où la circulation de l'argent & le Commerce font anéantis & que les Financiers déguifent au Roi. L'on ne peut trouver où réfide le véritable bonheur public qui réfulte d'une fage liberté.

Le peu de chofes qui vont encore paffablement en France, ce font quelques portions échapées de la Police Légiflative, & qui ont été libres des vûes fifcales & des privileges exclufifs toujours contraires au bien indéfendu.

La liberté eft l'appui du Trône ; l'ordre rend légitime la liberté.

ESSAI DE L'EXERCICE DU TRI-BUNAL EUROPE'EN POUR LA FRANCE SEULE.

Pour la pacification univerſelle appli-quée au tems courant.

LA mémoire de Louis XII & celle d'Henri IV feront à jamais cheres aux François; celle du fecond pour le bien public qu'il leur a fait & pour celui qu'on fuppofe qu'il eût fait encore.

On lui attribue le projet d'une paix perpétuelle qui fe trouve dans quelques Mémoires contemporains.

Mr. l'Abbé de St. Pierre a renouvellé cette idée & l'a fimplifiée. Il a écarté le deffein de réduire les Puiffances de l'Europe à un efpece d'égalité entre elles. Il trouve l'équilibre dans la jonction de plufieurs moindres Puiffances contre une feule trop forte & trop ambitieufe, & enfin réduit le détail de ce fyftême en cinq articles fondamentaux pour l'établiffement d'un Arbitrage Européen.

La fignature des cinq articles rencontre de grandes difficultés par l'ambition de plufieurs Puiffances de l'Europe.

On avancera ici que la France peut commencer à exercer feule tout ce que le Tribunal général exerceroit, c'eft à-dire un Tribunal armé hors de toute crainte d'être affailli, contente de fon bonheur & ne devant plus fonger qu'à celui des autres.

Une Puiffance comme la nôtre peut prononcer jugement fur chaque différend Européen & peut fuppléer au manque de force par plus d'adreffe, d'unanimité & de précautions & par des négociations continuelles. Voilà ce que je propose de la France ; prouvons-le par des exemples sensibles.

La France montre l'exemple depuis plus de vingt ans de préférer la gloire de l'arbitrage à celle des conquêtes.

Quand la France voudra procurer à l'Europe le bonheur dont elle jouit, elle-mettra toutes ses forces à réprimer les ambitieux, & elle y mettra autant d'application que Louis XI, le Cardinal de Richelieu, & Louis XIV. en ont mis à reculer nos frontieres.

Nous considérons qu'il y a aujourd'hui quatre principales Puissances ambitieuses qu'il faudroit réprimer, parce que leurs intérêts troublent l'Europe.

I. Contre la maison d'Autriche nous ameuterons les Vassaux les plus puissants ; nous leur représenterons que les avantages qu'on leur propose ne sont que trompeurs & nous leur perfuaderons par une conduite définté-reffée que nous ne recherchons que l'union du Corps Germanique.

Nous laifferons faire & aiderons fecrete-ment les Ottomans. Nous fémerons la divi-fion entre la Maifon d'Autriche, la Czarine & la Grande Bretagne. Nous entretiendrons à la Cour de Ruffie quelques émiffaires ha-biles & prudents. Nous dépenferons quel-ques fommes d'argent dans le Nord où le nôtre eft toujours bien reçû.

On parviendra aifément à diminuer le nombre des Etats héréditaires de la Maifon d'Autriche en faveur des Maifons de Bavie-re, de Saxe & de Pruffe qui y ont des prétentions.

Sans nous flatter en faveur de notre Mai-fon Royale, convenons que la Maifon d'Au-triche eft plus dangereufe en Italie, que le

Roi

Roi Dom Carlos. Celui-ci eſt confiné à l'extrémité de ce continent. Il a beſoin de toute la faveur d'Eſpagne pour établir ſa domination naiſſante. Les ſecours ſont lents à **y** paſſer. La Maiſon d'Autriche au contraire y poſſede les plus belles Provinces ; le deſpotiſme y eſt établi & l'introduction des ſecours de plein pied. Son expulſion eſt donc plus néceſſaire & plus preſſante que celle de Dom Carlos, & nous devons toujours favoriſer le recouvrement qu'en pourroit faire une tierce partie.

II. J'ai déja dit que nous pouvons reprendre crédit ſur la Cour de Ruſſie par nos Emiſſaires & par nos ſubſides.

Le Dannemarc eſt livré à l'Angleterre depuis que le Souverain d'Hannover régne ſur la Grande - Bretagne. Le Dannemarc vend ſes troupes depuis long-tems & ne figure plus en Europe fur fon propre compte.

La Suéde a du fer, une excellente difci-pline , du courage, une marine & la dé-mocratie y eft écoutée aujourd'hui.

III. Nous réprimerons les deffeins chimé-riques & ambitieux de l'Efpagne par une conduite fuivie. Nous ne nous effrayerons point de fa colere & nous ne nous laiffe-rons point échauffer de fes careffes : froi-deur politique au dehors, tendreffe & zele au dedans. Elle nous recherchera toujours, parce qu'elle ne peut agir qu'avec nous & par nous. Elle fera toujours fûre de nos Miniftres s'ils fe laiffent tenter aux richeffes qu'elle offre.

Nous pouvons fortifier le Portugal & le mettre dans un état inexpugnable, au point même qu'on préfentât à l'Efpagne cette bar-riere fi elle vouloit renouveller des querelles en Europe; bien affurés que le Portugal n'ira point conquérir fur l'Efpagne, mais qu'il en a tout à craindre.

Nos réfroidiffements trouveront grace auprès de toute l'Europe qui ne fe défie rien tant que de notre trop d'union avec elle.

Nous devons cependant protéger par notre marine les Colonies Efpagnoles en Amérique & nous oppofer en Europe à fes conquêtes.

La fin derniere de la Politique doit être la pacification & par conféquent d'écarter tout ce qu'on prévoit devoir caufer des guerres.

Les réunions par mariages & par droits fucceffifs ne font pas moins dangereufes que les conquêtes par les armes; on fe prémunit contre les conquérants; on ne fent le mal des acquifitions par le droit fucceffif que quand il eſt fait: il cauſe des guerres plus longues & plus ſanguinaires.

Il feroit donc à fouhaitter que l'étendue des Etats de l'Europe fut fixe & ne variât point par le droit ſucceſſif & d'alliance.

La Maiſon d'Autriche a peu acquis par l'épée ; toute ſa grandeur lui eſt venue par des mariages : un Poëte a dit d'elle

Bella gerant alii , tu felix Auſtria nube ;
Nam quæ Mars aliis , dat tibi Regna Venus,

Et ailleurs.

Auſtriaca Domus plus lanceâ carnis quam lanceâ belli.

IV. Enfin toute l'Europe eſt intéreſſée à diminuer le commerce tyrannique des Anglois , commerce qui s'agrandira encore par la raiſon qu'il a déja avancé ſi fort ſes progrès. Les forces qui ſurpaſſent celles du commun ſervent toujours à en acquérir de nouvelles. En leur donnant des affaires chez

eux, on empêche pour un tems qu'ils méfu-
fent de leurs forces en argent pour faire la
guerre ou pour ruïner l'équilibre ; mais il
faut fe garder d'éteindre le feu en l'attifant.
Les befoins preffants réveillent promptement
& puiffamment cette Nation ; tous les partis s'y réuniffent , & malgré les dettes publiques , des particuliers fi riches fourniffent
de grandes reffources.

Il faudroit donc plus de précautions qu'à
tout autre mal pour attaquer celui-ci avec
fuccès. Pour diminuer les privileges de commerce dont jouïffent les Anglois, il faut une
protection toute prête en faveur des Nations
qui retrancheroient fes privileges.

Pour arrêter entierement leurs fraudes
dans les Colonies Efpagnoles, il faut fe pré-
parer à une grande guerre maritime en ces
contrées éloignées; & fi on y parvenoit, les

florissantes Colonies Angloises se reduiroient à peu de chose.

Pour cela il nous faut une marine digne de notre empire situé sur deux Mers, dans un climat fertile & habité: ce doit être un des premiers soins de cette dépense quelle qu'elle soit.

CONCLUSION.

On dira sans doute contre ce Système, mais où seront les Alliés de la France? On répondra qu'elle n'en aura point de particuliers ni de fixes, mais qu'elle aura toujours l'Europe entiere pour amie & pour dépendante.

Il faut bannir l'idée de ces associations de Puissances qui paroissent fondées sur l'affection ; elles ont la défense commune pour prétexte ; mais l'envahissement pour vocation.

Quand on fe rendra à la raifon, on conviendra que la France, ainfi que prefque tous les grands Etats fuffiront à leur propre défenfe. On ne va point les attaquer de gayeté de cœur pour les diminuer; les ligues défenfives qu'ils contractent font toujours offenfives au fond.

Paffons en revûe l'état préfent de toutes les Puiffances de l'Europe, & nous trouverons que la France eft feule aujourd'hui en pouvoir de jouer ce beau rôle d'arbitre univerfel. Elle ne demande rien, on ne lui demande rien. Elle a par elle-même des forces plus que fuffifantes pour fe défendre; fa feule réputation la fait refpecter après l'avoir fait craindre, quand elle a mis fes forces en mouvement. Elle poffede l'empire du goût & des arts; elle a obtenu cet avantage fans le chercher. Quelles autres loix donnera-telle encore, que celles de la fagefle & de la politique ? Voilà la véritable Monarchie univerfelle. Juger c'eft gouverner ; décider avec équité devroit être le feul empire fur les hommes.

F I N.